advaita media

OM C. Parkin
Das Erwachen des schlafenden Elefanten

Originalausgabe:
advaitaMedia – *Weisheit aus der Stille*
Am Gutspark 1, D-23996 Saunstorf
info@advaitamedia.com
www.advaitamedia.com

Die Herausgabe dieses Buches wurde durch die
finanzielle Unterstützung von Beatrice Kalal ermöglicht.

Lektorat: Dr. Rüdiger Porep
Gestaltung Cover, Satz: Katja Dorow-Schwart

Druck und Bindung: C. H. Beck

1. Auflage 2021

Bibliografische Information der Deutschen Nationalbibliothek
Die Deutsche Nationalbibliothek verzeichnet diese Publikation in der Deutschen Nationalbibliografie; detaillierte bibliografische Daten sind im Internet über http://dnb.d-nb.de abrufbar.

ISBN 978-3-936718-63-8

OM C. PARKIN

DAS ERWACHEN DES SCHLAFENDEN ELEFANTEN

Der Mensch auf dem Großen Pfad ewiger Weisheit

advaita media

Inhaltsverzeichnis

Vorwort

Das hier neu vorgelegte Buch ‚Das Erwachen des schlafenden Elefanten – Der Mensch auf dem Großen Pfad ewiger Weisheit‘ mit erweitertem Text trägt dem zunehmenden Interesse spirituell Suchender Rechnung, sich diesem Thema in differenzierterer Weise zu widmen. Eine Vielzahl von öffentlichen Zusammenkünften vermeintlich Erwachter und von Erleuchtungskonferenzen, live und im Internet, offenbart Unschärfen bis hin zur Verwässerung, was ernsthafte Suchende irritiert und verwirrt. Wer die Grenzen seiner Unterscheidungsfähigkeit erkennt und anerkennt, wird nicht jedem „spirituellen Lehrer“ kritiklos folgen. Er wird nach Klarstellung und Orientierungshilfe durch einen spirituellen Meister suchen. Dem dient dieses Buch.

Gegründet in der Ewigen Philosophie, der *philosophia perennis*, die die Essenz der Weisheitslehren aller Zeiten und Kulturen vereinigt, bietet OM C. Parkin unbestechliche Orientierung. Ohne Zweifel bekannt ist, dass Erwachen nicht gleich Erwachen ist, sondern dass es Stufen des unvollständigen Erwachens gibt, die von einer finalen Realisation des SELBST zu unterscheiden sind. Traditionell haben immer und überall (mit extrem seltenen Ausnahmen) Schüler in Demut autorisierte

Lehrer um Überprüfung ihres Status gebeten und von ihnen die Bestätigung des Erwachens und die Lehrerlaubnis erhalten – oder eben auch nicht. Neben der Überprüfung durch einen äußeren Lehrer ist auch eine beständige Selbstüberprüfung durch den ‚inneren Lehrer' möglich, der sich in einem Reifungsprozess simultan mit wahrer Schülerschaft entwickelt. Diese Selbstüberprüfung erfordert Demut bei offenem Herzen und große innere Reinheit, eine sehr hohe Anforderung für den arroganten westlichen Geist. Nur wenn diese Ordnung geachtet wird, ist Missbrauch durch selbsternannte Lehrer unterbunden.

Teil I des Buches ist ein grundlegender Vortrag von OM C. Parkin, ursprünglich betitelt *‚Der Weg des Erwachens'*. Der Vortrag korrespondiert mit seinem Lehrbuch *‚Intelligenz des Erwachens – Die spirituelle Neugeburt des Menschen'*, dessen Studium denjenigen empfohlen wird, die tiefer in das Thema und die Weisheitslehre eindringen wollen.

Teil II des Buches besteht aus einem Dialog zum Thema *‚Was ist Erwachen?'*. Um die Komplexität des Geschehens zwischen Erwachenserfahrung(en) und letztendlicher Realisation des SEINS im SELBST umfassender zu beleuchten, baten Schüler OM C. Parkin um ein Dharmagespräch, welches hier wiedergegeben wird.

Teil III, der aktuell angefügte Appendix mit dem Titel ‚Weisheitslehre im Digitalen Zeitalter – Ist das verborgene Wissen der Befreiungslehren digital vermittelbar?'

beleuchtet die Frage, welchen Einschränkungen die Vermittlung der Weisheitslehren durch digitale Medien unterworfen ist. Die Pandemie, die 2020 begann, wurde zum Auslöser für diese Fragestellung, weil während deren Hochphase keine realen Treffen (Darshan) zwischen Lehrer und Schüler möglich waren. Welche gravierenden Folgen hat es für Suchende, wenn das unmittelbare Zusammensein mit dem Weisheitslehrer und Meister durch staatliche Autoritäten verboten wird? Zu diesen Fragen erhalten wir von OM C. Parkin tiefgreifende Auskunft.

In diesem Buch geht um ganzheitliches, integrales Verstehen. Die Gewohnheit, nur mental verstehen zu wollen, wird hier zum Hindernis. Die Botschaften richten sich an alle drei Intelligenzzentren (Bauch – Instinktzentrum, Herz – Fühlzentrum, Kopf – Mentalzentrum). Der authentische Weisheitslehrer sendet immer auf allen drei Ebenen. Nur der offene, stille Geist wird in vollständiger Anwesenheit die Botschaft umfassend empfangen können – der ‚*open mind*' oder der ‚*Anfängergeist*', wie ihn der große Zen-Lehrer Shunryu Suzuki nennt. Mit seinen Worten: „Wenn meine Rede zu Ende ist, ist Euer Hören zu Ende. Es ist nicht notwendig, sich dessen zu erinnern, was ich sagte. Es ist nicht notwendig zu verstehen, was ich sagte. Ihr versteht; Ihr habt das volle Verständnis in Euch selbst. Es gibt keine Schwierigkeit."

Hier ist noch die Aufforderung an den Leser anzufügen, er möge nichts glauben und nichts bezweifeln, was in diesem Buch steht, sondern alles selbst prüfen, denn nur die Bestätigung durch die eigene innere Erfahrung und Erkenntnis ist der eigentliche Wegweiser auf dem inneren Erkenntnisweg. Zur Notwendigkeit eines äußeren Lehrers auf dem inneren Weg ein Zitat aus OMs Buch *Intelligenz des Erwachens* (s. Anm. 3, S. 359): Eine Schülerin Papajis (s. Anm. 9) drückte es so aus: „99% aller Westler sind arrogant. Diejenigen, welche nicht arrogant sind, brauchen keinen äußeren Lehrer. Ich war arrogant, deshalb brauchte ich einen."

Mögen viele Menschen die Tiefe und Kostbarkeit des in diesem inhaltsdichten Büchlein Mittgeteilten empfangen und dadurch innere Orientierung erfahren.

Saunstorf, im April 2021
Dr. Rüdiger Porep

TEIL I

Das Erwachen des schlafenden Elefanten

Der Mensch auf dem Großen Pfad ewiger Weisheit

Vortrag von OM C. Parkin

Es ist eine uralte Metapher, verwendet von inneren Meistern, den gewöhnlichen Menschen als einen schlafenden Elefanten zu bezeichnen. Die Schwere des Elefanten, seine Masse, beschreibt die träge Widerstandsfähigkeit seines in Selbstvergessenheit schlafenden Geistes gegen jede Form der Wandlung, sein Nachtragen des Alten. Ein selbsterkennender Mensch ist nicht mehr der, der er war: Alles wandelt sich, sein Charakter, seine Persönlichkeit, selbst sein Körper. Die Nachhaltigkeit des Ich als feste Bezugsgröße, sie war nur vorgetäuscht. Schlafende Elefanten können erwachen. Wie viele Menschen interessieren sich dafür? Und wie viele von denen, die sich dafür interessieren, sind bereit, dafür alles zu geben?

Ich möchte heute über die Grundpfeiler des Erwachensweges des Menschen sprechen und einige wesentliche

Konzepte vorstellen, die im Verständnis dieses Weges wie Knotenpunkte alles zusammenfügen. Vorab ein paar Worte zum Hören dieses Vortrages: Das Beste ist, alles wieder zu vergessen. Es gibt eine Art bewussten Vergessens, *sattvisches Vergessen*[1], im Gegensatz zum *tamasischen Vergessen*[2], welches dumpf und betäubend ist, also unbewusst. *Sattvisches Vergessen* entspricht einem fortwährenden, bewussten Loslassen durch Nicht-Anhaftung, zugleich einer Anstrengungslosigkeit des Empfangens durch innere Transparenz. Und selbst dann, wenn verwendete Konzepte geistige Knoten im bisherigen Verständnis hervorrufen, ist es gut, sie einfach nur durchlaufen zu lassen und sich daran nicht festzuhalten.

Dieser Erwachensweg des Menschen beruht auf ewigen Wahrheiten und inneren Gesetzmäßigkeiten, die zu allen Zeiten und in allen Kulturen gelten. Sie galten vor 2000 Jahren, sie gelten heute und sie werden in 2000 Jahren auch noch gelten, und jene Lehre, die um diese ewigen Wahrheiten weiß und die inneren Gesetze kennt, diese Lehre nennt sich auch die *Ewige Philosophie.* Das ist eine Philosophie der Stille, das ist eine Philosophie des Herzens und diese *Ewige Philosophie,* die *philosophia perennis,* ist auch so etwas wie das Herz aller Religionen, welche die Menschheitsgeschichte jemals hervorgebracht hat. Die *philosophia perennis,* das ist jener Begriff, der alle inneren Lehren verschiedener Kulturen zusammenfügt, miteinander verbindet: die Zen-Lehre, die Advaita-Lehre aus Indien, die christliche

Mystik u.a., und dieser *Ewigen Philosophie* wollen wir uns heute Abend zuwenden.

Nun gibt es ja unter spirituell Suchenden, das kann ich aus der Erfahrung mit Schülern bezeugen, nicht nur Widerstände, die sich an dem Begriff der Philosophie festmachen, es gibt sogar Anfeindungen, und es gibt nicht wenige Menschen, die glauben, es sei überflüssig auf dem Befreiungsweg, sich überhaupt der Philosophie zuzuwenden, so dass wir zunächst einige Missverständnisse aus dem Weg räumen müssen.

Es gibt ja im Wesentlichen zwei Urteile, die zu dieser Abwehr führen, erstens: Sie ist zu mental, und zweitens: Sie ist zu kompliziert. Zu denjenigen, die glauben, sie sei zu mental, möchte ich sagen, dass sie nicht ausreichend unterscheiden zwischen einem mentalen Wissen und einer integralen Weisheit, die zwar auf den ersten Blick sehr ähnlich aussehen kann, aber sehr weit entfernt ist von mentalem Wissen. Und denjenigen, die behaupten die Philosophie sei zu kompliziert, möchte ich entgegnen, dass der Erwachensweg des Menschen zwei Aspekte hat: Erstens die große Einfachheit, also die größtmögliche Einfachheit, die sich jenseits der Vorstellungen eines denkenden Geistes auftut. Aber das ist nur die eine Seite. Wir müssen auch bereit sein, die andere Seite in Empfang zu nehmen, und das ist zweitens die Komplexität. Einfachheit *und* Komplexität

Einfachheit* und *Komplexität gemeinsam beschreiben die Weisheitslehre, welche ein Abbild der* Realität *ist.

gemeinsam beschreiben die Weisheitslehre, welche ein Abbild der *Realität* ist. Denn genauso ist die *Realität:* Einfach und komplex zugleich. Diese Dichotomie entspricht der *Einheit in der Vielheit*.

Wir müssen also grundsätzlich unterscheiden, und das tue ich auch in dem Lehrbuch *Intelligenz des Erwachens*[3], zwischen einer *theoretischen Philosophie* und dem, was ich hier als die *Ewige Philosophie* beschreibe, einer Philosophie, die auf dem nackten, radikal-direkten Erfahrungs- und Erkenntnisweg beruht. In seinem Buch *Die ewige Philosophie* schreibt Aldous Huxley[4]: „Befreiung kommt nur durch die Erkenntnis zustande, dass die einzelne Seele eins mit der Weltseele ist. Sie wird weder durch Hatha Yoga, noch durch theoretische Philosophie, noch durch die Ausübung religiöser Riten oder durch bloße Gelehrsamkeit erlangt."

Ich weiß, dass unsere Kultur den Begriff der Philosophie besetzt hat mit der theoretischen Philosophie, die eine Konstruktion des denkenden Geistes ist, und deswegen gibt es nicht wenige spirituell Suchende, die genug haben von all den großartigen theoretischen Lehrgebäuden akademischer Philosophen unserer Kultur. Und ich gebe ihnen recht, aber jetzt möchte ich, dass wir eine Unterscheidung einführen. Das wird auch bereits deutlich, wenn wir hören, wie Shankara[5] aus dem 8. Jahrhundert, der für die Advaita-Lehre ungefähr dieselbe Bedeutung hat, wie die Kirchenväter für die christliche Theologie, wie also Shankara die drei großen Tugenden eines ernsthaften Schülers des Weges beschreibt:

Erstens die innere Stille, *der stille Geist.* Zweitens das, was er *a childlike mind* nannte, den Geist eines Kindes, im Zen auch der Anfängergeist genannt, und drittens, und das ist der Bogen zu meinen Ausführungen über Philosophie, hat er *das Studium* genannt, und damit meinte er das Studium der Schriften. Ist dieses Studium der Schriften eingebettet in eine ernsthafte Praxis des Weges, in Selbsterforschung, in Formen der Inneren Arbeit, dann kommt diesem Studium eine gänzlich andere Bedeutung zu – dann steht das Studium in Diensten des integralen Weges, in Diensten des Herzens. Und dann lernt der Schüler des Weges, was wirkliche Philosophie ist.

Der Erwachensweg trägt ja in sich ein großes Versprechen für die Menschen, und ich würde sagen, er hält dieses Versprechen. Ob die Menschen es halten, ist eine andere Frage. Er behauptet, es gibt einen natürlichen, wesenhaften Zustand des Menschen. Dieser Zustand ist frei, ewig, still und unpersönlich. Um diesen Zustand zu realisieren, braucht es im Wesentlichen nur *eine* Unterscheidung, eine große Unterscheidung, und das ist die Unterscheidung zwischen den – kleiner Hinweis auf Goethe – „zwei Seelen, ach, in meiner Brust". Was sind das für zwei Seelen? Wir können sie einfach mit *Ich* und *Nicht-Ich* beschreiben. Dazu ein kurzes Zitat aus

Der Erwachensweg trägt in sich ein großes Versprechen und ich würde sagen, er hält dieses Versprechen.

Intelligenz des Erwachens: „Wer ist dieses ‚Ich'? Das Ich steht eigentlich für den persönlichsten, den intimsten, den nahesten, den innersten Ort des Menschen, das Subjekt selbst. Gibt es denn einen Ort, der uns näher wäre als ‚Ich'? ‚Ich', das ist meine Wohnung, mein Zuhause, mein Ureigenstes, das Gegenteil von fremd. Gibt es einen Ort, an dem wir uns wohler fühlen könnten, an dem wir mehr zuhause sein könnten? Doch ist jeder, der im Inneren die Stimme erhebt und ‚ich' spricht, wirklich ich? Ist überhaupt jemand, der im Inneren die Stimme erhebt und sich mit dem Namen ‚Ich' vorstellt, wirklich ich?"

Ein paar Worte zu meinem eigenen Weg. Ich war schon als junger Mann auf der Suche nach dem, was *hinter* der Welt ist. Ich konnte mich an der Welt, also am Leben, nicht wirklich erfreuen, sondern habe eigentlich, im Nachhinein würde ich das in dieser Klarheit ausdrücken, eine leidvolle Zeit erlebt. Was sich später als großes Glück erwies. Ich hatte bereits als 18jähriger einen spirituellen Lehrer, hatte viele Lehrer im Laufe der Zeit, alle mit einem begrenzten Verständnis, aber mit einer wertvollen Lehre für einen Wegabschnitt, bis dann im Jahre 1990 ich dem Tod begegnet bin durch einen sehr schweren Autounfall, als dessen Folge ich klinisch tot war für zwei Tage. Und das, was dann anders war, als das Bewusstsein wieder zur Welt erwachte, konnte ich niemandem beschreiben. Ich war plötzlich auch nicht mehr mit den Menschen verbunden, sondern befand mich in einem Zustand vollständiger innerer Verbundenheit, großen Alleinseins ohne Isolation. Ich konnte niemandem in Worten beschreiben, was da eigentlich geschehen war. Sie hörten mich auch nicht und sie sahen mich nicht. Ich hatte das Gefühl, eine Tarnkappe auf zu haben und für sie unsichtbar zu sein. Ich war nicht mehr dieser Körper, ich war durchsichtig, ausgedehnt, überall. Wir haben ja von Nahtoderfahrungen gehört, oder bei Elisabeth Kübler-Ross[6] gelesen, was Menschen während der Nahtoderfahrung erleben: außerkörperliche Erfahrungen und Tunnel, wo am Ende das Licht erstrahlt und ähnliches. Das sind sogenannte Nahtoderfahrungen, die sich leicht beschreiben lassen, aber die eigentliche Todeserfahrung ist von gänzlich anderer Natur. Ich habe dann, Anfang/Mitte der 90er Jahre angefangen zu lehren, habe 15 Jahre lang Satsang gegeben, später Darshan, bis klar wurde, dass der formelle Satsang nicht ausreichend war, um die Weisheitslehre umfassend zu vermitteln. Wenn man mich vor zehn Jahren gefragt hätte: „Was ist das Ziel des Erwachensweges des Menschen?“, dann hätte ich eine andere Antwort gegeben als heute. Ich hätte damals gesagt: die Erkenntnis des SELBST. Eine eindeutige Antwort. Heute würde ich eine vollständigere Antwort geben, die auf den drei großen Pfeilern der Weisheitslehre beruht. Ich würde antworten:

1. Die Realisation des allumfassenden SELBST, also das ewige Leben in seiner Dreifaltigkeit von Sein, Bewusstsein, Glückseligkeit – im Hinduismus heißt es *Sat-Chit-Ananda*.

2. Die Verwirklichung des höchsten menschlichen Potentials. Das ist das, was ich die *zweite Inkarnation* nenne. In manchen inneren Lehren wird das als die Erlangung des Zustandes *erwachsenen Menschseins* bezeichnet, was ich jedoch nur als einen Teilaspekt der *zweiten Inkarnation* begreife.
3. Das Wissen um die Evolution/Involution. Das ist das Wissen um den großen kosmischen Kreislauf, um die Entfaltungsstufen des Bewusstseins, um die große hierarchische Ordnung, wo alles, was geschieht, alles was sich manifestiert, an seinem Platz steht, alles an seinem Platz in der *Großen Ordnung*.

Das sind die drei großen Pfeiler der vollständigen Weisheitslehre: Die Philosophie des Seins und die Philosophie des Werdens vereinigen sich und bilden im Menschen so das eine, große, innere Wissen um das Eine im Vielen.

Ich bin ja nach Indien, so sage ich es einmal, ‚gespült' worden, unfreiwillig, ohne die geringste Kenntnis der indischen Philosophie, wusste gar nichts über Advaita, ich hatte davon noch nie etwas gehört. Plötzlich fand ich mich in Indien wieder mit einem Advaita-Lehrer. Advaita ist eine sehr radikale Seinslehre. *Advaita vedanta* heißt ja auch übersetzt ‚das Ende des Wissens', was nicht das Ende des Weges bedeutet, aber in jedem Fall das Ende der Unwissenheit, das Ende persönlicher Suche und persönlicher Prozesse. Es könnte auch als ‚das letzte Wissen' übersetzt werden. Und vermehrt seit den 90er Jahren des 20. Jahrhunderts sind viele spirituelle Menschen aus Deutschland, aus Österreich, der Schweiz, aus Amerika, aus westlichen Ländern nach Indien gereist und sind dort der Advaita-Lehre begegnet, durch Nisargadatta[7] oder Ramesh Balsekar[8], aber vor allen Dingen durch Papaji[9], und das hat viele Missverständnisse hervorgebracht, was einfach nicht zu vermeiden ist. Dennoch muss aus heutiger Sicht gesagt werden: Es war eine große Zeit, in der sich die Himmelstore weit öffneten und viele große Meister noch inkarniert waren und lehrten. Als der Advaita Verlag (advaitaMedia) im Jahre 2020 bei David Godman, einem großen Kenner indischer Meister, anfragte, welchen Meister er empfehlen könne, kam als Antwort: „Keinen".

Wir wollen jetzt einmal aus dem Advaita eine ganz radikale Frage stellen. Ich spreche hier von einem Erwachens*weg*, doch gibt es überhaupt einen *Weg*? Ist das überhaupt ein gültiges Konzept? Wenn wir diese Frage hören, sie konsequent nach innen verfolgen und abstrahieren, dann stellen wir fest, dass diese Frage, ob es einen Weg gibt, eigentlich identisch ist mit der Frage, ob die Welt real ist. Ist die Welt real? Denn ‚die Welt' ist gleichbedeutend mit dem Werden und der Vergänglichkeit, mit dem ewigen Wandel. Ist diese Welt wirklich?

Das ist ja erst einmal eine Frage, die für fast alle Menschen extrem weit entfernt ist von ihrer täglichen Erfahrung. Stellen wir uns eine Familie vor, zwei Kinder, die Kinder kommen nach Hause. Am Esstisch bespricht man die Erfahrungen des Tages und plant die Organisation des nächsten Tages. Die Frage, ob die Welt wirklich ist, ist für fast alle Menschen unserer Kultur sehr, sehr weit entfernt von ihrer täglichen Realität. Sie muss nur von denjenigen gestellt werden, die an der Befreiung der Seele wirklich interessiert sind, von denjenigen, die aus einem Traum endgültig erwachen wollen. Nun gibt es einen Dialog mit Ramana Maharshi[10], der kristallklar genau diese Frage behandelt und zu einem Ergebnis kommt, das alles beantwortet. Ich zitiere das aus dem Buch *Sei was du bist,* so der deutsche Titel. Übrigens, ihr kennt ja vielleicht die Frage: „Welches Buch würdest du mitnehmen auf eine einsame Insel?" *Das* könnte z.B. mein Buch sein. Nun ein kurzer Dialog zwischen einem Fragenden und Ramana Maharshi:

Fragender: „Shankara hat gesagt, dass Brahman (das ewige Selbst), wirklich sei und die Welt nur eine Täuschung, aber andere sagen, dass die Welt Wirklichkeit sei. Was ist denn nun richtig?"

Antwort: „Beide Aussagen sind richtig. Shankara sagte, Brahman ist wirklich, das Universum ist unwirklich und das Universum ist Brahman." Nun, das ist ein Paradoxon, nicht schlüssig im logischen Verständnis des Geistes, aber diese Aussage, würde ich sagen, ist der große Koan der gesamten Weisheitslehre. Sie fügt alle vermeintlichen Widersprüchlichkeiten und Unvereinbarkeiten westlicher und östlicher Tradition zusammen. Brahman ist wirklich, das Universum ist unwirklich und das Universum ist Brahman."

Weiter führt Ramana aus: „Der Übende (also der Übende des inneren Weges) beginnt mit der Definition, dass das, was wirklich ist, immer existiert. Dann weist er die Welt als unwirklich zurück, weil sie dem Wandel unterworfen ist. Der Suchende erreicht schließlich das Selbst und findet dort die Einheit seiner selbst. Dann findet er, dass das, was er als unwirklich zurückgewiesen hat, ein Teil dieser Einheit ist. In dieser Wirklichkeit aufgegangen, ist auch die Welt wirklich."

Wir werden, was wir sind. Das ist das große Paradoxon, der große Koan der gesamten Erwachenslehre. Ich habe es auch genannt die Vervollkommnung der Vollkommenheit. Ramana Maharshis Lehre ist, dass es, um diese letzte Wirklichkeit zu kennen, nur einer einzigen Frage bedarf, und diese Frage lautet: Wer bin ich? Ramana Maharshi hat ja nur ein einziges Buch geschrieben, genau genommen hat er es nicht geschrieben, sondern quasi diktiert, aber dies ist tatsächlich das einzige Buch, welches er selbst verfasst hat, bestehend aus wenigen Fragen und Antworten. Es heißt *Nan yar?*[11] und das heißt übersetzt *Wer bin ich?*:

Wir werden, was wir sind. Das ist das große Paradoxon, der große Koan der gesamten Erwachenslehre.

„Wer bin ich? Alle Lebewesen wünschen sich dauerhaftes Glück und Freiheit von Leiden. Um dieses Glück zu erfahren, das unser wahres Wesen ist und das man im Zustand des Tiefschlafes erlebt, sollte man sein Selbst erkennen. Dazu ist der Pfad des Wissens, die Erforschung mit der Frage ‚Wer bin ich?' das wichtigste Mittel."[12]

Wer bin ich? Ein letztes kurzes Zitat aus dem Buch *Sei was du bist* von Ramana: „Der Geist ist nichts als ein Bündel von Gedanken. Der Ich-Gedanke ist die Wurzel von ihm. Wenn Sie dieses Ich erfassen und herausfinden, woher es kommt, lösen sich alle Gedanken von selbst auf. Wer diese Methode anwenden kann, für den sind alle Regeln und weitere Übungen überflüssig." Das ist der Königsweg. Nun werden wir im weiteren Verlauf meiner Ausführungen sehen, dass ich das die *Große Selbsterforschung* nenne, dass ich dem aber auch noch eine *kleine Selbsterforschung* an die Seite stelle. Denn diese Methode, die Ramana hier empfiehlt, kann nur von sehr, sehr wenigen Menschen direkt angewendet werden. Papaji selbst sagte: "It is only for a few very intelligent people.", und so braucht es eine weitere Methode, welche die *Große Selbsterforschung* vorbereitet und ihr dienen kann. Die nenne ich die *kleine Selbsterforschung*. Das Sehen des Geistes mit den Mitteln des Geistes, mit dem *Auge des Geistes,* wie es ein großer Theologe des Mittelalters nannte. Eine Methode, die bei weitem nicht die gleiche Radikalität innehat, jedoch den großen Vorteil hat, dass sie von den allermeisten westlichen Suchern angewendet werden kann.

Ich möchte jetzt zunächst zu einer universellen Unterscheidung der drei großen inneren Wege kommen. Ich sagte, es geht hier um universelles Wissen, jenseits einer bestimmten religiösen Tradition, das ist das, was uns in der *Ewigen Philosophie* interessiert. Wenn es denn wahr ist, dann müssten ja alle Traditionen, zu allen Zeiten und an allen Orten auf diese Wahrheit gestoßen sein. Die indische Philosophie unterscheidet drei Wege, aber ich sage, es ist nicht indisches, sondern vielmehr universelles Wissen, Wissen der *Ewigen Philosophie*:

Bhakti-Yoga: Bhakti-Yoga ist der Weg der Liebe. Der Weg liebender Hingabe. Er wird auch als der *absteigende Pfad* verstanden.

Karma-Yoga, das ist der Weg des makellosen, selbstlosen (ichfreien) Handelns, des Handelns in Einheit.

Jnana-Yoga, auch der *Königsweg* genannt. Der Weg des direkten Erkennens und Wissens durch einen stillen Geist. Es ist der *aufsteigende Pfad*, der Weg der Wahrheit.

Ich möchte sagen, dass es in Wirklichkeit nicht drei Wege sind, sondern *ein* Weg, der zwei, oder auch vielleicht drei Arme hat, je nach Lesart. Aber eigentlich ist es nur *ein* Weg. Menschen, die den einen oder den anderen beschreiten, gehen zunächst in verschiedene Richtungen. Wenn jemand den Weg der Liebe geht, dann geht er zunächst scheinbar in eine andere Richtung, als wenn jemand den Weg der Wahrheit geht, um dann erst in einem späteren Stadium festzustellen, dass es sich um zwei Wege handelt, die nur zwei Arme *eines* Weges sind. Den Karma-Yoga bezeichne ich selbst nicht als einen dritten Weg, sondern nur als einen Zusatz dieser anderen beiden Wege.

Nun gibt es auf beiden Wegen Missverständnisse, auf jedem Weg gibt es Irrungen und Wirrungen. Was geschieht, wenn jemand den Weg des Wissens ohne die Rückbindung an die Liebe geht? Es gibt ein Zitat von mir: „Liebe ohne Wahrheit ist wertlos und Wahrheit ohne Liebe ist wertlos.“ Genau das möchte ich hier erörtern: Was geschieht, wenn jemand den Weg des Wissens ohne die Rückbindung an die Liebe geht. Ich habe einige Widerspruchspaare zusammengefügt, um erkenntlich zu machen, was dann geschieht. Hören wir diese Gegenüberstellungen:

„Liebe ohne Wahrheit ist wertlos und Wahrheit ohne Liebe ist wertlos.“

Verstehend - nicht erkennend. Unmenschlich - nicht übermenschlich. Gelehrt - nicht weise. Intellektuell - nicht intelligent.

Das ist ja auch so eine Verwechslung, die in der westlichen Gesellschaft der nachaufgeklärten Zeit kollektiv um sich gegriffen hat, nämlich die Verwechslung von *intellektuell* und *intelligent*, oder sagen wir deren Gleichsetzung, wobei *intelligent* bereits durch die Etymologie dieses Wortes (*inter-legere* [lat.]: *inter* zwischen, *legere* aussuchen, ins Auge fallen; also ‚zwischen etwas wählen', oder ‚zwischen dem, was ins Auge fällt') aufzeigt, das *intelligent* im übertragenen Sinne bedeutet, dass jemand in der Lage ist, zwischen den Zeilen zu lesen, also nicht die Worte zu hören, nicht die Gedanken, sondern das, was zwischen den Gedanken ist – den *gap*, die Lücke. Im *gap* ist das, was nicht gesagt wird, vielleicht nicht gesagt werden kann, oder will. Der Unterschied zwischen *Verstehen* und *Erkennen* ist sehr wesentlich, denn westliche Menschen verstehen häufig viel und erkennen wenig. Verstehen ist ein Vorgang im Verstand und Erkennen ist ein Vorgang im Herzen.

Verstehen ist ein Vorgang im Verstand und Erkennen ist ein Vorgang im Herzen.

Für den Fall, dass Menschen den Weg der Liebe gehen ohne den Aufstieg in die höchste Kapazität der Erkenntnis, habe ich auch hier einige Gegensatzpaare aufgeführt, um deutlich zu machen, was dann geschieht:

Regressiv – nicht progressiv. Verklärt – nicht intuitiv. Verengend – nicht weitend. Anhaftend – nicht befreiend.

Nun, darin ist auf jeden Fall das Wissen enthalten, dass Liebe oder das, was Menschen darunter verstehen, auch bewusstseinsverengend wirken kann. Das kann nicht die Liebe sein, von der die inneren Lehren sprechen. Was ist denn eigentlich der Unterschied zwischen Wahrheit und Liebe? Natürlich können wir sagen, von einem höchsten Standpunkt gibt es gar keinen Unterschied. Das ist wahr, und doch müssen wir ja zunächst die Unterschiede sehr scharf erfassen, bevor wir erkennen können, dass es keinen Unterschied gibt. Nehmen wir einmal folgenden Geschmack: Liebe schmeckt süß, Wahrheit schmeckt bitter. Es gibt ein deutsches Sprichwort: „Wahrheit ist ein bitterer Trank, und wer ihn braut, hat selten Dank, denn der Menge schwacher Magen kann ihn nur verdünnt vertragen.“ Ich weiß nicht, ob auch Anwesende hier im Raum sich dazu bekennen, dass es Tendenzen gibt, die der Bitterkeit von Wahrheit ausweichen. Warum ist Wahrheit eigentlich bitter? Das müssen wir uns fragen. Nun, offensichtlich weil sie uns mit unseren Lebenslügen konfrontiert. Weil sie etwas in uns zurückweist, was wir aus kindlicher Betrachtung als bedrohlich oder feindselig verstehen, obwohl es nur im Dienste der Befreiung steht. Denn Wahrheit weist zurück, während Liebe empfängt. Die Liebe erfüllt uns, während uns die Wahrheit entleert. Deshalb gibt es nicht wenige Anfänger, Interessierte an Spiritualität, die mehr an Liebe interessiert sind als an Wahrheit, und es ist tatsächlich so, – das entspricht auch der natürlichen Entfaltung der Evolutionsspirale im Menschen – dass wir in den frühen Stadien unserer Entwicklung zuerst die Begegnung mit Liebe haben. Die Begegnung mit Liebe ist die erste, die Begegnung mit Wahrheit ist die zweite. Sie erfolgt erst in einem späteren, reiferen Evolutionsstadium des Bewusstseins. Den Menschen des inneren Weges geschieht das Gleiche:

Die Liebe erfüllt uns, während uns die Wahrheit entleert.

Zuerst begegnen sie der Liebe, und erst, wenn sie dann ernsthaft genug sind, dann begegnen sie auch der Wahrheit. Ein kurzes Zitat dazu aus dem Lehrbuch *Intelligenz des Erwachens:* „Durch einen wahren Lehrer wirkt auch die Kraft Shivas[13], das ist eine zerstörerische Kraft, welche nicht Leben vernichtet oder Liebe, sondern Falschheit und Illusion, und solange der Geist eines Schülers die kindliche innere Haltung in sich trägt, ‚Wenn du mir die Wahrheit sagst, bist du böse.', wird er kaum in der Lage sein, diesen Schlüssel wirklich für sich zu nutzen."

Liebe wollen (fast) alle spüren, Wahrheit wollen wenige wissen.

Wir können uns vorstellen, dass dieses Geschehen in der Begegnung mit einem *letzten Lehrer* immer wieder auftaucht; und es ist sicherlich wertvoll, der Wahrheit auf erwachsene Weise, im Zustand *bewusster Schülerschaft* zu begegnen, reifer Schülerschaft des Weges, wo sie nicht mehr eine Bedrohung für mein Ich darstellt, sondern sich in ihrer eigentlichen Essenz der Befreiungskraft offenbart. Liebe wollen (fast) alle spüren, Wahrheit wollen wenige wissen.

Was ist Wahrheit? Es gibt einen Unterschied zwischen der relativen Wahrheit (oder relativen Wahrheiten) und der absoluten Wahrheit. Auch das ist ja für viele aufgeklärte Menschen eine ungeheuerliche Provokation: die Behauptung, es gäbe eine absolute Wahrheit. Akademiker, Intellektuelle, Rationalisten, theoretische Philosophen, Konstruktivisten und viele aufgeklärte Menschen, sie alle schalten auf Gegenwehr, wenn sie so etwas vernehmen, denn die Aufklärung hat uns eigentlich etwas anderes vermittelt.

Zunächst zu der relativen Wahrheit. Was ist das, eine relative Wahrheit? In der relativen Welt ist alles veränderlich, jede Situation hat ihre eigene Wahrheit. Das scheint auf den ersten Blick ganz einfach zu sein: Es geht um unterschiedliche Tatsachen, Fakten, die per se objektiv sind. Und das ist ja auch das, was die Naturwissenschaft interessiert. Nur, in der inneren Wissenschaft, auf dem inneren Weg, stellt sich diese Angelegenheit plötzlich nicht mehr als so einfach dar. Denn *Tatsachen* sind nur das, was die äußeren Sinnesorgane erfassen, äußerlich sichtbare *Taten*, von wem oder was auch immer, die zu *Sachen* führen. Nehmen wir beispielsweise Folgendes an: Ich habe zu einem bestimmten Schüler etwas gesagt oder eine bestimmte Handlung ausgeführt. Das wurde von einem anderen Schüler bezeugt, der das auf eine Nachfrage hin bestätigen kann. Das ist Fakt. Doch was *bedeutet* diese Tatsache? Was ist eigentlich der Wert von Tatsachen, wenn die innere Fähigkeit, sie zu deuten, begrenzt ist? Wenn die Deutung schlicht falsch ist? Eine Tatsache an sich ist im wahrsten Sinne sinn-los ohne Deutung. In der inneren Wissenschaft macht erst die unverzerrte, objektive Deutungsfähigkeit äußerlich sichtbarer Fakten diese zu relativen Wahrheiten. Ist die Deutungsfähigkeit durch Konzepte der eigenen, persönlichen Welt des Geistes verzerrt, haben Tatsachen, Fakten keinen Wert, sie sind bedeutungs-los. Genauer tragen sie eine falsche Bedeutung, welche sich mit der Tatsache der reinen Handlung zu einer Lüge vermischt hat.

Was war die Absicht hinter dem Gesagten, oder hinter dieser Handlung? Hatte sie überhaupt eine Absicht? Entstand sie aus einem Konzept, oder aus der Leere des Augenblicks? War es eine geplante Handlung aus Ideen der Vergangenheit, oder eine spontane Handlung aus dem Unbekannten? Nur wer den äußerlich nicht sichtbaren Geist einer Handlung, eines menschlichen Verhaltens sehen kann, ist in der Lage, sie angemessen zu deuten und gelangt auf diese Weise zu einer relativen Wahrheit. Möglich wird dies in der Haltung des *Nicht-Wissens,* einer 360° offenen Geisteshaltung, in der keinerlei identifizierte Urteile (sogenannte Vor-Urteile) existieren. Aus dieser Vorurteilslosigkeit bilden sich dann jene Urteile, welche die *rechte Deutung* ausmachen. All das ist die Beschreibung einer Funktionsweise von reiner, *sattvischer* Intelligenz, nicht des Intellektes.

Was ist denn nun die absolute Wahrheit? Ich möchte erst einmal eine indirekte Definition liefern. Gemäß den Lehren des Enneagramms[14] kann die *Eine Realität* in 9 Facetten dargestellt werden, 9 *Heilige Ideen.* Wahrheit und Liebe sind zwei davon. „*Heilig* bedeutet objektiv gesehen, wie die Dinge jenseits der Vernebelung egoischer Erfahrung wirklich sind.“ (A.H. Almaas s.u.) Der Verlust der *Heiligen Wahrheit* führt im Menschen zur Erfahrung der Dualität. Dualität ist Trennung, so dass das, was ich bin, ein eigenständiger, getrennter Jemand ist, und alle anderen Menschen um mich herum sind es auch. Doch diese angenommene Dualität, die durch den Verlust der *Heiligen Wahrheit* entstanden ist, ist keine ‚neutrale' Trennung, im wissenschaftlichen Sinne ‚objektiv', vielmehr trägt sie einen emotionalen Verlust in sich, einen Verlust von Güte, einen Verlust grundlegender ‚Gutheit' des Daseins und von Liebe. ‚Irgendetwas ist hier grundlegend falsch.' Existentiell falsch.

Oscar Ichazo († 2020), ein Mystiker aus Bolivien, beschreibt den Zustand des menschlichen Bewusstseins, welches verbunden ist mit der Idee *Heiliger Wahrheit*. Ein Auszug: „Das Gewahrsein, dass der Kosmos objektiv jetzt existiert, dass diese Existenz ihre eigene Definition ist, die unabhängig davon fortbesteht, ob jemand sie versteht, oder nicht." Dies ist der Aspekt vollkommener Objektivität. Einen weiteren Aspekt hören wir in der Definition von Almaas, einem aus Kuweit stammenden spirituellen Meister, der in Amerika eine Innere Schule leitet: „Die Wahrnehmung, dass alle Ebenen in Wirklichkeit ein Ding sind, dass sie alle miteinander einen vollständigen Zustand der Einheit bilden."

Es gibt keine eigenständig Handelnden, es gibt nur Handlung im Einen.

Ist der Mensch verbunden mit der *Heiligen Wahrheit,* so ist seine Erfahrung: Es gibt nicht das andere, es gibt nur das Eine. Es gibt keine eigenständig Handelnden, es gibt nur Handlung im Einen. Alles ist Eins. Bezogen auf die körperliche Realität bedeutet das: Es existieren

Unterscheidungen – dieser Körper, jener Körper –, aber Unterscheidungen sind nicht Trennungen. Dieser Körper unterscheidet sich von jenem Körper, aber das heißt nicht, dass sie voneinander getrennt sind. Die Verbindung mit *Wahrheit* löst also die Identifikation von ‚Ich bin dieser Körper'.

Nun einige Worte zur Liebe. Almaas hat folgende, auf den ersten Blick überraschende, Definition von Liebe. Er sagt: „Liebe ist eine immanente Eigenschaft der Existenz, welche die Existenz liebenswert macht". *Dem-Was-Ist* wohnt eine Gutheit inne, jenseits persönlicher Bewertung von: Dies ist gut, das ist schlecht. Jenseits persönlicher positiver oder negativer Urteile, die gesamte Urteilswelt eines denkenden Geistes berührt Liebe nicht. Vielleicht erinnern wir uns an die Genesis im Alten Testament, dort heißt es: „Und Gott sah, dass es gut war.", und an anderer Stelle heißt es: „Und siehe, es war sehr gut." Das sind Hinweise auf diesen ‚Seinsgeschmack', auf diese innewohnende Eigenschaft der Existenz. Diese Betrachtungen über die Liebe als einen ‚Seinsgeschmack' am Grunde der Existenz sind doch ziemlich weit entfernt von dem verbreiteten Glauben, Liebe sei ein Gefühl. Die Liebe Gottes, die *Heilige Idee der Liebe* der inneren Lehren, sie ist kein Gefühl. Es ist auch falsch zu sagen, sie sei gar kein Gefühl.

Sie kann ein Gefühl enthalten, muss es aber nicht. Tatsächlich bezeichnen die inneren Lehren die Wahrheit, wie auch die Liebe als göttliche Ideen, also Ideen von Gott. Sie haben mit den Menschen gar nichts zu tun, sie wären auch da, wenn es die Menschen nicht gäbe, aber nur der Mensch ist in der Lage, sie zu realisieren.

Jetzt kommen wir zum Weg des Wissens, den ich zuvor als den *Königsweg* bezeichnet habe. Papaji, also Shri Poonjaji, von seinen Schülern zärtlich Papaji genannt, wurde von einem Schüler gefragt: Was ist Erleuchtung? Seine Antwort war nur ein Wort: *Wissen*. Erleuchtung ist *Wissen*, sonst nichts. Diese Antwort entspringt einer höchsten Stufe der Erkenntnis, und um uns dem anzunähern, was damit gemeint ist, müssen wir unterscheiden, wieder einmal. Diese Notwendigkeit ist auch Teil des Aspektes der *Komplexität* des Weges, denn die Kraft der Unterscheidung führt in zunehmende Differenzierung, welche mir erlaubt, der zunehmenden Subtilität des inneren Gegners zu begegnen, der Menschen auf dem inneren Weg zu schaffen macht. ‚Der Gegner lernt mit', lautet eine der Anweisungen des inneren Weges. Daraus folgt, dass im Verlauf sich entwickelnder Subtilität meiner gesamten Innenwelt der Gegner auch subtiler wird.

Erleuchtung ist Wissen, sonst nichts.

Es gibt also zwei Arten des Wissens, die wir zu unterscheiden haben. Wie bereits am Beispiel der Philosophie aufgezeigt, wir erinnern uns an die theoretische Philosophie und die Philosophie des Herzens, existiert auch hier eine Imitation, eine Fälschung – also gefälschtes Wissen des denkenden Geistes, Wissen in den Händen des inneren Gegners der viele Suchende aufsitzen.

1. Es gibt Wissen durch innere Anfüllung. 2. Es gibt Wissen durch innere Entleerung. Es handelt sich um grundlegend verschiedene Arten des Wissens, die sich im unverlässlichen Ausdruck des gesprochenen oder geschriebenen Wortes jedoch gleich anhören können. Natürlich entspricht die theoretische Philosophie dem Wissensweg durch Anfüllung. Die meisten von uns sind Zeitgenossen begegnet, häufig handelt es sich um verkopfte Männer, falsche Gelehrte, die glauben, Wissen allein aus dem Studium der Weisheitsliteratur erlangen zu können. Wissensdurstige, die in 30, 40 Jahren des spirituellen Weges mindestens ebenso viele spirituelle Bücher verschlungen haben und glaubten, dass sie damit dem wahren Wissen über das Selbst näher gekommen sind. Das Wissen durch innere Anfüllung ist das angesammelte Konzeptwissen aus zweiter Hand, ungegründet in der eigenen Erfahrung.

Und dann gibt es das Wissen durch Entleerung. Das, finde ich, hört sich sehr viel interessanter an. Ich entleere alles, was ich wusste, ich entleere mein gesamtes Leben, ich entleere die Vergangenheit, die Geschichte. Ich lasse zu, dass ‚mein' Leben entleert wird und empfange aus diesem Nichtwissen wahres Wissen. Das ist Weisheit, und das ist das, was Papaji meinte, als er antwortete: *Erleuchtung ist Wissen.* Ein Zitat dazu von Ken Wilber[15], einem großen zeitgenössischen Bewusstseinsforscher, den ich außerordentlich schätze:

Erleuchtung ist nicht Allwissen, sondern Nichtwissen.

„Erleuchtung ist nicht Allwissen, sondern Nichtwissen. Die völlige Befreiung vom Krampf des Wissens. Es ist nicht göttliche Erkenntnis, sondern göttliche Unkenntnis. Man ist einfach ein freier Fall in göttliches Nichtwissen." Mein Kommentar dazu aus dem Buch *Intelligenz des Erwachens* lautet: „Wenn Gelehrsamkeit der inneren Erfahrung folgt, dann ist es lebendige Weisheit. Wenn jedoch innere Erfahrung blind der Gelehrsamkeit folgt, dann ist es überhöhte Dummheit. Auf die Reihenfolge kommt es an."

Jetzt sind diese Konzepte von Anfüllung und Entleerung zunächst abstrakt, und wir wollen wissen, was ist damit konkret gemeint? Damit ist etwas sehr Konkretes, etwas direkt Erfahrbares gemeint, das uns bei der genaueren Betrachtung energetischer Kreisläufe im Organismus der *Drei Gehirne des Menschen* deutlich werden soll. Ich hoffe, ich kann an einigen praktischen Beispielen erläutern, was Anfüllung oder Entleerung in der Erfahrung des Menschen wirklich bedeuten. Ich sagte ja schon zu Beginn als Hinweis zum Hören eines spirituellen Vortrages: Wer mit dem fühlenden Herzen hört, der macht die Erfahrung, dass die potentiell entstehende Anfüllung im Kopf immer wieder abfließen kann. Wer es hingegen nicht versteht, mit dem Herzen zu hören, wer mit dem Verstand hört, der macht eine reale Erfahrung von energetischer Anfüllung im Kopf. Gedanken kreisen im Kopf, ohne einen Ausgang zu finden. Damit einhergehen können Druckgefühle,

Schmerzen oder andere Missempfindungen in Kopf und Nacken.

Die drei Intelligenzzentren des Menschen bilden einen energetischen Kreislauf. Jedes dieser drei Zentren arbeitet im *natürlichen Zustand* ‚quasi-autark' (Claudio Naranjo) und dennoch bilden sie *einen* gemeinsamen Kreislauf. Was sind diese drei Zentren? Dazu ein Zitat aus *Intelligenz des Erwachsens*: „Vereinfacht ausgedrückt durchläuft der Mensch durch den Lauf der Evolution während der körperlichen Entwicklung zunächst drei Geburten und diese drei dabei entstehenden feinstofflichen Steuerungszentren, seine *Drei Gehirne*, wie Georges Gurdjieff sie nannte, werden nacheinander geboren, geformt und entwickelt. Sie steuern die *Drei Körper* des Menschen, seinen physischen, seinen emotionalen und seinen Mentalkörper, und sie beschreiben gleichzeitig die drei wesentlichen Stufen der Entwicklung des Ichs und ihre zugehörigen Weltbilder." Bei dem Chakrensystem aus der indischen Philosophie handelt es sich um eine Differenzierung des Wissens um die drei Gehirne. Die drei unteren Chakren sind dem ersten Gehirn zugeordnet, die drei oberen dem dritten, das mittlere Herzchakra ist das zweite Gehirn. Entsprechend dem Wissen über die drei Gehirne unterscheiden wir, unabhängig von Kultur, Hautfarbe, Geschlecht oder anderen äußeren Merkmalen grundlegend drei Arten von Menschen, die wir gemäß dem Volksmund als Bauch-, Herz- und Kopfmenschen bezeichnen können. In einem dieser drei

Zentren hat der Mensch eine ‚Fixierung', was auch als eine primäre Entwicklungsstörung bezeichnet werden kann. Beispielsweise hat ein sogenannter Bauchmensch mit einer Fixierung im ersten Gehirn häufig gespeicherte Traumata rund um die Geburt, oder in den ersten Jahren danach, also sehr früh. Dieses Bauchzentrum hat für so einen Menschen eine besondere Bedeutung in doppelter Hinsicht: Es ist in seiner Funktion blockiert bzw. beeinträchtigt (‚fixiert') durch frühe Traumata, andererseits wird sein System gerade durch die Kraft dieses Zentrums besonders genährt. Ein Bauchmensch hat potentiell mehr körperliche Kraft und Widerstandfähigkeit zur Verfügung als ein Herzmensch, dem wiederum potentiell eine besondere emotionale Intelligenz zur Verfügung steht. Im natürlichen, fließenden Zustand arbeiten diese Zentren also unabhängig, und zugleich gemeinsam im Dienste eines *Großen Kreislaufes.* Bauch arbeitet für Herz, Kopf arbeitet für Bauch, Herz arbeitet für Kopf usw. Diesen fließenden, ganzheitlichen oder auch ‚organismischen' Zustand bezeichnen wir auch als *integrale Intelligenz.* Ein Mensch in integraler Intelligenz ist also kein Kopfmensch, kein Herzmensch, kein Bauchmensch, er ist ein Bauch-Herz-Kopfmensch. Ein Bauch-Herz-Kopfmensch ist ein Mensch, in dem diese drei Zentren gemeinsam *einen* Großen Kreislauf bilden. Doch kehren wir zurück zu den ‚zwei Seelen, ach, in meiner Brust': Es gibt eine Kraft im Inneren des Menschen, die sich zwar als Ich ausgibt, aber nicht wirklich

Ich ist. Ich habe sie zu Beginn als *Nicht-Ich* beschrieben. Wir nennen sie auch den *denkenden Geist*, den ich zuvor auch als den *inneren Gegner* bezeichnet habe. Dieser denkende Geist greift in diesen Zyklus ein und behindert die Arbeit der drei Gehirne. Wir können von einer Besetzung sprechen, welche primär im Bauch-, im Herz- oder auch im Kopfzentrum geschieht. Der Zustand, welcher dadurch entsteht, ist nicht mehr im Fluss und wird *Fixierung* genannt. In diesem fixierten Zustand wird der Fluss zwischen den Gehirnen unterbrochen. Nicht vollständig – wenn er vollständig unterbrochen wäre, wäre der Mensch tot – aber er wird eingeengt. Dazu ein Beispiel: Das Herzzentrum und das Kopfzentrum kommunizieren nicht mehr vollständig, die Verbindung ist gestört. *Die* kollektive Krankheit unserer Gesellschaft in der nachaufgeklärten Zeit besteht in einer Anfüllung des Kopfes, einer Überfülle dieses Intelligenzzentrums, was keineswegs zu einer Zunahme von Intelligenz führt, wenn wir die Definition von Intelligenz zugrunde legen, welche die Weisheitslehre lehrt. Zu Beginn des Vortrags sprach ich die undifferenzierte Abneigung mancher spiritueller Suchender gegen Philosophie an, die als Gegenreaktion gegen dieses kollektive Phänomen zunächst durchaus nachvollziehbar ist.

In diesem übervollen Mentalzentrum werden ständig Gedanken produziert, sie werden zu Geschichten gestrickt, und sie rotieren, drehen sich im Kreis. Ja, wir machen die Erfahrung von Wiederholung, der Großteil von Gedankenformen in dieser Situation ist repetitiv, was nicht als kreatives Wirken von Intelligenz bezeichnet werden kann. Sie kommen immer wieder, können aus unerfindlichen Gründen nicht entweichen. Gefangen im Käfig des Mentalzentrums. Im Wissen über die drei Gehirne, ihre natürlichen Funktionen und ihren Austausch untereinander finden wir auch die Antwort, warum sie nicht entweichen können: Ihnen wird der Abfluss in das zweite Gehirn verwehrt, sie werden im Mentalzentrum festgehalten. Der feinstoffliche Kanal zum zweiten Gehirn ist verengt. Ja, es handelt sich um eine reale, energetische Verengung, die durch das Training der Aufmerksamkeitsverlagerung in *Innerer Arbeit* des inneren Weges behoben werden und wieder geöffnet werden kann, so dass real Energie aus dem Kopf wieder abfließen kann. Es ist alles nur eine Frage des Abfließenkönnens, der Integration in den *Großen Kreislauf*. Niemand hat einen übervollen Kopf, wenn alles abfließen kann, wenn ‚ich fühle, was ich denke'. Genauso ist es auch, um ein anderes Beispiel zu nennen, mit der Erfahrung von Wut im Bauch. Es gibt bauchfixierte Menschen, die haben einen übervollen, gestauten Bauch, was sich übrigens auch in einer Form der körperlich sichtbaren Aufblähung zeigen kann. Die Energie staut sich dort, und kann nur ungenügend aufsteigen. Auch in dieser Situation ist der Zugang zum Herzzentrum verengt.

Zur Erinnerung: Wir befinden uns mit diesen Beschreibungen feinstofflicher, energetischer Abläufe im menschlichen Organismus in der Auseinandersetzung mit dem *Weg des Wissens*. Was ist die Methode, die Wissen vermittelt? Die Methode, die Wissen schafft? Sie nennt sich Wissenschaft. Dieser Begriff ist leider von den Naturwissenschaften fast vollständig besetzt worden, so dass die *Innere Wissenschaft* in unserer aufgeklärten Gesellschaft sehr stark in Vergessenheit geraten ist. Die Innere Wissenschaft aber ist die Methode des inneren Wissensweges, sie ist die Methode eines radikalen spirituellen Weges, der jeglichen vorrationalen Glauben genauso hinter sich lässt, wie die Ratio und deshalb transrational und transformatorisch genannt werden kann. Es folgt meine Definition von Wissenschaft – und sie kann sowohl auf die äußere, wie auch auf die innere Wissenschaft angewendet werden:

„Die wissenschaftliche Methode ist ein Erkenntnissystem, welches mittels objektiver Beobachtung und nachvollziehbarem Forschungsexperiment danach sucht, allgemeingültige Gesetzmäßigkeiten, bezogen auf einen Gegenstandsbereich, zu finden und zu tradieren."

Die Innere Wissenschaft des Wissensweges kennt zwei Formen, zwei Ebenen, zwei unterschiedliche Dimensionen: Die *Große Selbsterforschung* mit der Frage ‚Wer bin ich?' und die *kleine Selbsterforschung* mit der Frage: ‚Wer bin ich nicht?'. In dem Lehrbuch *Intelligenz des Erwachens* zitiere ich Ken Wilber: „Man kann nicht damit anfangen, die Wahrheit sehen zu wollen, denn durch diesen Versuch blockiert man sich selbst. Man muss mit *neti, neti* anfangen, das heißt, ich bin nicht dies, ich bin nicht jenes." Der mit Abstand größte Teil innerer Praxis auf dem Weg des direkten Wissens für einen westlichen Menschen ist für gewöhnlich der *kleinen Selbsterforschung* gewidmet und unterliegt somit der Fragestellung: ‚Wer bin ich nicht?' Wir erforschen geistig-emotionale Strukturen, die wir nicht sind, aber glauben zu sein und indem wir erkennen, dass wir sie nicht sind, werden Schleier vom Bewusstsein gezogen. Schleier, das sind geistige Illusionen, Täuschungen, die allmählich, einer nach dem anderen, oder allesamt im Bruchteil einer Sekunde von unseren Augen genommen werden, und das-was-bleibt ist das-was-ich-bin.

Die innere Praxis des Weges nenne ich *Innere Arbeit.* Ich würde aus der Sicht der Weisheitslehre sagen, die innere Praxis, die *Innere Arbeit* ist das wichtigste Werk des Menschen auf Erden. Es ist die wesentlichste Aufgabe, die er eigentlich zu tun hat, die aber leider nur sehr, sehr wenige Menschen auf Erden als die wesentlichste Aufgabe ihrer Inkarnation begreifen; den allermeisten bleibt in diesem Leben verborgen, dass es diese Möglichkeit überhaupt gibt.

Die innere Praxis des Weges ist Innere Arbeit.

Es ist das heilige Werk des Menschen. Manchmal beschreibe ich es lax auch einfach als die ‚Hausaufgaben' des inneren Menschen, die er zu erledigen hat. Nicht aus moralischer Pflicht zur Ruhigstellung des Über-Ichs, sondern um den inneren SEINS-Durst zu löschen. Was ist das SEIN? Für den gewöhnlichen Menschen nichts als eine hohle Floskel. In einem mehrbändigen Werk eines großen zeitgenössischen Erzählers taucht ein Philosoph auf, der Lehrsätze spricht, wie diesen: „Das SEIN ist das SEIN." Natürlich sollen diese Lehrsätze als Inbegriff für hohle Floskeln herhalten und die Figur des Philosophen ist in der Erzählung entsprechend gezeichnet. Tatsächlich kann ein derartiger Satz am anderen Ende der Skala auch ein höchstes *Koan* sein, ein höchster Aphorismus der spirituellen Lehre, der für das Bewusstsein der meisten Menschen, selbst spiritueller Menschen ungeeignet ist.

Wer diesen SEINS-Durst spürt, für den bedeutet es eine tiefe Erfüllung, diese Arbeit tun zu dürfen. Innere Arbeit zu tun, ist eine reine Freude, doch muss diese Freude zumeist erst freigelegt werden, indem der innere Mensch auf Bewusstseinswanderschaft durch die Schattenlandschaften seiner Unterwelt geschickt wird. A.H. Almaas, den ich bereits zitiert habe, sagt dazu: „Wenn ihr ein normaler Mensch bleiben wollt, nur ein Same eures eigenen Potenzials, dann braucht ihr die *Innere Arbeit* nicht, aber wenn ihr als ein Mensch leben wollt, dann müsst ihr eine gewisse Anstrengung aufbringen, um zu erkennen, wie die *Innere Arbeit* die Lebensrettungsleine für wirkliches Leben ist."

Innere Arbeit ist der Prozess der Entschleierung des Bewusstseins, es ist jenes Werk, das uns erlaubt, Kenntnis über unseren inneren Gegner zu erlangen, den ich zuvor auch als ‚Nicht-Ich', welches als ‚Ich' auftritt, beschrieben habe. Dieser Gegner wird in den Heldenmythen der Menschheitsgeschichte vielgestaltig thematisiert (z.B. als Drache, oder als tausendköpfige Schlange), wurde und wird aber immer noch von den allermeisten Menschen in ihrer täglichen Erfahrung als äußerer Gegner verstanden. In Wirklichkeit müssen wir auf der Heldenreise einen inneren Gegner besiegen, der in uns selbst wirkt, der in uns selbst sein Werk tut. Die Entdeckung dieses inneren Gegners, seine vollkommene Enttarnung und seine Unterwerfung unter das wahre Ich, das ist die Aufgabe des inneren Weges. So ist es in den Zehn Ochsenbildern des Zen dargestellt, die wir gleich am Ende des Vortrags als einen kurzen Film sehen werden. Diese zehn Ochsenbilder und die Kommentare zu den einzelnen Bildern beschreiben die universellen Stufen des Erkenntnisweges des Menschen. Der innere Gegner wird in diesen Bildern als der Ochse dargestellt. Wie kann die Spur des Ochsen aufgenommen werden? Wie kann er gezähmt und nach Hause geritten werden? Wer ist der Ochse, wer der Hirte? Die Ochsenbilder beschreiben auf poetische Weise, jenseits der Worte, auf wunderbare Weise diesen Weg. Den Weg des Erwachens.

Ich habe also die innere Praxis, die *Innere Arbeit* des Weges, mitsamt ihrer ‚bewussten Anstrengungen' (Gurdjieff) zu Beginn, und der Entdeckung der Kunst des Nicht-Tuns im Fortschreiten, als das heilige Werk des inneren Weges bezeichnet. Doch möchte ich zum Ende des Vortrags auch hier wieder eine Unterscheidung einführen. Es gibt zwei entgegengesetzte Richtungen innerer Praxis. Alle Formen der spirituellen Praxis können in diese beiden Richtungen unterteilt werden, und zwar entsprechend dem aufsteigenden Pfad und dem absteigenden Pfad, der *via ascendens* und der *via descendens,* die wir zu Beginn unterschieden haben. Das bedeutet, es gibt eine Form der inneren Praxis des aufsteigenden Pfades, welche wir unter dem Begriff des *inneren Wachstums* fassen können und es gibt eine Form der inneren Praxis des absteigenden Pfades, welche wir unter dem Begriff der *inneren Heilung* zusammenfassen können. Ich möchte noch einmal aus *Intelligenz des Erwachens* zitieren: „Um dem Schlaf des Vergessens zu begegnen, [denn das ist ja unser größtes Hindernis: der Schlaf des Vergessens] braucht es entsprechend auch zwei entgegengesetzte Richtungen der *Inneren Arbei*t auf dem Weg. Erstens eine rückwärtsgewandte Selbsterforschung, die ich auch als *bewusste Regression* bezeichnet habe. Und eine vorwärtsgewandte Selbsterforschung, welche Menschen an Entwicklungsgrenzen heranführt, ihnen immer neue Herausforderungen stellt und letztlich ihre integrale Intelligenz nährt, die sich frei entfaltet. Diese beiden Richtungen der Inneren Arbeit können wir auch als *Heilung*, das ist der weibliche Aspekt, und als *Wachstum*, das ist der männliche Aspekt der *Inneren Arbeit*, bezeichnen."

Was verstehen wir unter *Heilung*? Im umfassenden Sinne die Rückbindung an den Ursprung. Der Mensch ist zu seinem Ursprung zurückgekehrt, mit ihm eins – und so wieder ganz geworden. Und was verstehen wir unter *Wachstum*? Ich würde sagen, unter Wachstum verstehen wir die Erweiterung des Bewusstseins in das Unendliche. Das ist die Auflösung des Ich-Bewusstseins im All-Bewusstsein, metaphorisch auch als der Fall des Tropfens ins Meer beschrieben.

Einige Worte zu Missverständnissen: Es gibt Irrungen und Wirrungen auf beiden Wegen. Die Fallstricke des Heilungsweges können wir unter dem Begriff der Regression zusammenfassen. Die unbewusste Gleichsetzung von Regression mit einem Streben zurück in ein Einheitsbewusstsein, zurück in ‚eine Welt, die noch heil war', zurück in den Mutterbauch. Die Irrungen auf dem Wachstumsweg könnten wir beschreiben als ein mental entkoppeltes Wachstum, als eine Entfaltung von Flügeln ohne Wurzeln. Jede Form von Rationalismus fällt darunter. Ein integrales Wachstum braucht jedoch beides: Flügel und Wurzeln. Wurzeln und Flügel. Heilung und Wachstum beschreiben nur *einen* Weg, *einen* Großen Kreislauf und dieser *eine* Große Kreislauf ist die Synthese aller Wege.

Heilung und Wachstum beschreiben nur einen Weg, einen Großen Kreislauf und dieser eine Große Kreislauf ist die Synthese aller Wege.

Bevor ich zum Abschluss zu dieser Synthese komme, möchte ich noch ein paar Worte dazu sagen, wie sich diese *Innere Arbeit* im Fortschreiten des Weges in den Menschen eigentlich verändert. Es sind nämlich gar nicht, wie wir vielleicht annehmen können, nur die Art der Übungen oder die Inhalte, die sich verändern, sondern es ist vor allem auch die Haltung des Praktizierenden zu den Übungen oder auch Inhalten, die sich verändert. So öffnen gleiche Praktiken eine andere Erfahrungsdimension im Schüler des Weges. Oder die Auseinandersetzung mit gleichen Themen führt in ganz andere Erkenntnisstufen. Ich habe z.B. in der inneren Schule Folgendes beobachtet: Wendet sich ein Schüler nach einer gewissen Reifungszeit dem gleichen Thema wieder zu, die Übungen sind vielleicht dieselben, kommt es manchmal zu einer unerwarteten Vertiefung, einer ganzheitlichen Integration in das System der drei Gehirne. Hören wir aus *Intelligenz des Erwachens* die Beschreibung einer Zen-Praktizierenden, die darüber spricht, wie sich ihre innere Praxis im Fortschreiten vollständig verändert, obwohl sie scheinbar und von außen betrachtet immer noch das gleiche tut: „Wie kann *Innere Arbeit* praktiziert werden, wenn es nichts zu erreichen gibt auf dem Weg? Joan Halifax, eine bekannte Anthropologin, buddhistische Lehrerin und Zen-Praktizierende, beschreibt ihre Innere Arbeit, ihre Praxis des Zazen so: ‚Letztlich sitzt man einfach nur um zu sitzen. ... Wenn ich in der Zen-Übungshalle sitze und unbedingt etwas erreichen will, dann ist Erschöpfung alles, was ich erreiche.‘

Innere Arbeit ist unbegreiflich. Es gibt niemanden, der sie tun soll, und dennoch hat sie zu geschehen. Es gibt nichts zu erreichen, und dennoch wird viel erreicht. Innere Arbeit ist reines *Sehen*, das Erkennen der Kunst des Nicht-Tuns. Kann denn Nicht-Tun durch Tun erlernt werden? Die bewusste Bemühung gibt den Anstoß. Nicht mehr und nicht weniger. Wie ein Pendel, dass durch einen bewussten Akt in Schwingung versetzt wird, nur um auf diese Weise den bewussten Nullpunkt zu entdecken."

Innere Arbeit ist reines* Sehen, *das Erkennen der Kunst des Nicht-Tuns.

Wir können, das soll für diesen Vortrag ausreichen, eine einfache Einteilung in zwei Phasen des inneren Weges, entsprechend auch der Inneren Arbeit vornehmen. Diese Einteilung ist weder von Zeiten, noch von Kulturen abhängig, das heißt, sie galt auch vor 2000 Jahren, und sie gilt für Schüler des Westens, wie des Ostens, denn sie entsteht aus dem Verständnis universell gültiger Gesetzmäßigkeiten der geistigen Welt. Jeder Schüler, der sich für *die Wirklichkeit* und damit für die Befreiung aus der *conditio humana,* dem menschlichen, konditionierten Zustand (der streng genommen nicht menschlich ist) interessiert, beginnt die Innere Arbeit mit einer ersten Phase des persönlichen Strebens, der persönlichen Bemühung und der Vorstellung eines persönlichen Gewinns. Ich nenne diese erste Phase die *Phase der Erfüllung.* Praktisch die gesamten Angebote des spirituellen Marktes bedienen ausschließlich diese erste Phase. Sie setzt ein Mangelbewusstsein voraus, eine innere Realität von Unerfülltheit, und die Innere Arbeit verspricht für den Schüler ein Vehikel zu sein für ein erfüllteres, ein glücklicheres Leben. Und das liegt ja auch nahe, dass ein Mangelzustand nach Erfüllung sucht. Kein Mangelzustand trachtet nach Entleerung. Ein Mangelzustand wird kaum empfänglich sein für eine Lehre von ‚verliere alles und du bist frei'. Früher oder später wird diese erste Phase jedoch in eine *Zwischenphase der Ernüchterung* übergehen, die bis in ein tiefes Gefühl des Scheiterns hineinreichen kann. Die Verheißung der ersten Phase hat sich nicht vollständig erfüllt. Relative Zustände von Liebe, Glück, Frieden, Erfüllung wurden erreicht, aber die gänzliche Auflösung einer abgetrennten Ich-Realität ist ausgeblieben. Der Ich-Gedanke ist nach wie vor an seinem identifizierten Platz, was bedeutet, dass der denkende Geist noch nicht realisiert wurde. Resignation (‚bringt ja doch nichts') und inzwischen subtiler gewordene Formen der Selbstverurteilung können den Schüler dazu verleiten, hier entweder zu landen, oder gar in die Suche der ersten Phase zu regredieren. Es liegt auf der Hand, dass diese Zwischenphase die eigentliche Prüfung des inneren Weges beinhaltet und die Erfahrung zeigt, dass viele angehende Schüler, welche den Reifungszustand *bewusster Schülerschaft* noch nicht erreicht haben, hier den Weg vorzeitig verlassen. Was bedeutet, dass sie die Prüfung nicht bestehen. Ihr Geist sucht nach Alternativen (andere Lehrer, andere Methoden, andere

Erfahrungen, andere Orte usw.) und sie erkennen nicht, dass sie sich gerade im Übergang zu der entscheidenden Phase des inneren Weges befinden. Diese zweite Phase nenne ich die *Phase der Entleerung*. Die Gesetzmäßigkeiten der ersten Phase kehren sich um, das Positive verkehrt sich ins Negative, das Negative ins Positive. Ging es in der ersten Phase noch um Gewinn, geht es hier nurmehr um Verlust. Persönlicher Verlust ist unpersönlicher Gewinn. Ein Zusammenhang, welcher in der Blase des Ich-Bewusstseins verschlossen bleibt. Persönlicher Verlust durch Anstrengungslosigkeit, nicht durch Bemühung. Persönlicher Verlust durch Nicht-Tun, nicht durch Streben. Persönlicher Verlust durch Nicht-Wissen, nicht durch Wissen (welches ohnehin aus zweiter Hand stammte). Die große Entdeckung der Unpersönlichkeit öffnet sich, ein Auflösungsprozess ist im Gange, es geschieht viel, aber ich tue nichts. Das Tun im Nicht-Tun. Das Mysterium ist nah.

Ich bin am Ende des Vortrages angelangt und möchte noch diese Frage stellen: Was ist denn nun der *Weg des Herzens*? Wir haben vom Weg der Liebe gehört, wir haben vom Weg des Wissens und der Wahrheit gehört, und wir haben vernommen, dass diese Wege, die möglicherweise zunächst getrennt beschritten werden, zusammenfinden müssen. Verschmelzen zu *einem* Weg. Vielleicht ist eben das der *Weg des Herzens*, die Integration des absteigenden und des aufsteigenden Pfades, der große, finale Vereinigungsweg, von indischen Meistern auch als *integraler Yoga* bezeichnet. Ich möchte noch kurz auf die Doppelbedeutung des *Herzens* auf dem inneren Weg eingehen. Wenn in den inneren Lehren vom *Herz* des Menschen die Rede ist, dann kann es zweierlei meinen: das Herzzentrum als eines der *Drei Gehirne*, oder es kann das Innerste meinen, eigentlich ein Synonym für *Seele*. Das Innerste des Menschen, das nicht an einem bestimmten Ort lokalisiert werden kann, das jenseits von Zeit und Raum ist – das Wesen des Menschen. Der Tropfen, der in seinem Wasser-Sein mit dem Ozean identisch ist. Und deswegen ist der Weg des Herzens auch nicht der Bhakti-Weg, sondern er ist jene Synthese der Wege, jener höchste Weg, der in der indischen Philosophie von großen Meistern wie Aurobindo[16] oder auch Sivananda[17] als *Integraler Yoga* bezeichnet wird. (Wobei die umfassende Sicht des *integralen Yoga* nur von Aurobindo vermittelt werden konnte.) Alle gehen letztlich diesen Weg: Der Philosoph, der Gottliebende, der Wahrheitssuchende, der Mystiker, auch wenn sie in verschiedene Richtungen aufgebrochen sind, letztlich finden alle diesen *Großen Kreislauf* wieder, der sich im reinen Urgrund unmanifestierten SEINS endlos bewegt. Die Synthese des auf- und absteigenden Pfades: die *Große Harmonie* des Integralen Yogas.

Die Synthese des auf- und absteigenden Pfades: die* Große Harmonie *des Integralen Yogas.

Zum Abschluss möchte ich den Auszug aus einem kleinen Lied von Sivananda mitteilen, in welchem der

Geschmack des Integralen Yoga gar nicht in den einfachen Worten, sondern zwischen diesen Worten zum Ausdruck kommt. Es vermittelt die Gelassenheit des mittleren Weges, die Große Harmonie in der Melodie des Gesagten (bzw. Gesungenen) und berührt den Zuhörer, der im Verstand gar nicht versteht, warum. Es stammt aus dem Buch von Sivananda *Integral Yoga*:

„Eat a little, drink a little,
Talk a little, sleep a little,
Serve a little, give a little,
Work a little, rest a little,
Study a little, worship a little,
Do asana a little, pranayama[18] a little
Reflect a little, meditate a little,
Write mantra a little, have Satsang a little,
Do all these little, little and you will have time for all."

„Yoga ist Harmonie. Eine wunderschöne, symmetrische und integrale Entfaltung des gesamten Wesens, was bedeutet, jeden Aspekt deines Wesens jeden Tag zu praktizieren. Sonst gibt es ein Ungleichgewicht. Du kannst nicht zu viel Zeit am Tag für eine bestimmte Praxis aufwenden. Ein wahrer Anhänger des Integralen Yogas praktiziert ein wenig von allem."

Sivananda

Warum steht der erwachte Elefant für *integralen* Yoga? Die Synthese des aufsteigenden und des absteigenden Weges? Seine Masse steht für die Wurzeln, seine Ohren für die Flügel. Wurzeln und Flügel. Wie gesagt: Schlafende Elefanten können erwachen!

ॐ

TEIL II

Das Erwachen des schlafenden Elefanten

Dialoge mit OM C. Parkin

OM, wir möchten mit Dir über das Thema sprechen: Was ist Erwachen? Dazu möchten wir mit einem Zitat von Dir beginnen: „Das, was der Mensch wirklich sucht, nenne es Erleuchtung, Vollkommenheit, Glückseligkeit oder Befreiung, ist in diesem Moment verfügbar und ich kann nicht sagen, wie es geschieht. Ich kann nur sagen, dass es für dich möglich ist, dass es keine höhere Macht gibt, keinen Gott gibt, der es dir verwehrt. Wenn es ein Hindernis gibt, dann ist es in dir selbst.“

Du arbeitest nun seit 30 Jahren mit Menschen, mit spirituell Suchenden. Was sind Deiner Erfahrung nach die Hindernisse in den Menschen für das Erwachen?

OM: Fehlendes Interesse.

Heißt das, sie behaupten, ein Interesse an Erwachen zu haben, aber es ist letztlich nicht groß genug?

Die Masse hat gar kein Interesse. Und von dem Kreis derer, die sich spirituell Suchende nennen, haben die meisten zunächst ein zu geringes Interesse, so dass das innere Feuer erst geweckt werden muss.

Es gibt ja einen Grund, warum sich ein Suchender auf die Suche macht. Oft hört man, um das Leiden zu beenden. Siehst Du das zunächst als einen guten Grund an und als einen Ausdruck von Interesse?

Was es heißt, Leiden zu beenden, darunter versteht das Ich etwas gänzlich anderes als die Weisheitslehre. Man kann von einem Menschen, der sich auf die Suche macht, zunächst nicht erwarten, dass er augenblicklich und umfänglich ein Verständnis davon gewinnt, was es heißt, Leiden zu beenden. Es bedeutet nicht, jene Zustände zu befrieden, an denen sich, wie das Ich glaubt, das Unglück festmacht. Leiden zu beenden im Sinne der inneren Lehren bedeutet, umfassend die Identität des Ich-Geistes aufzugeben und aus einer persönlichen Identität in ein unpersönliches Sein zu wechseln, das nicht endet. Wir verstehen unter Leiden zunächst – was ja auch nachvollziehbar ist – Zustände, die wir negativ bewerten. Das sind Zustände, die auf ganz direkte Weise ein, wenn auch begrenztes, Leidensbewusstsein verursachen. Nehmen wir sogenannte negative Emotionen, nehmen wir rigide, zwanghafte Gedankenstrukturen, die sich wiederholen, nehmen wir einen Cocktail aus beiden namens ‚Depression'. Das sind Zustände, die ein ganz normaler Mensch als leidvoll empfindet. Es ist jedoch aus der Perspektive der inneren Lehre keineswegs so, dass Leiden oder die eigentlichen Leidensverursacher im Menschen leidvoll in Erscheinung treten müssen. Ganz im Gegenteil. Wesentlicher auf dem Erkenntnisweg können jene Zustände sein, die leidensverursachend sind, aber als Glückserfahrung wahrgenommen werden.

In der Weisheitslehre hat Leiden eine viel umfassendere Dimension: Der verengte Ich-Zustand an sich, d.h. die Identifikation mit dem denkenden Geist und seinen täuschend echten Welten, ist Leiden. Jeglicher Ich-Zustand, ganz gleich, ob er als lustvoll und befriedigend erlebt wird oder als schmerzhaft und unerfüllend, ist Leiden. Es ist offensichtlich jene Instanz, die all diese Zustände zusammenhält, welche die eigentliche Verantwortung für Leiden trägt. Und nicht das, was sie erschafft. Die entscheidende Frage lautet also *Wer?* Und nicht *Was?*

Könnte man aus dieser Perspektive sagen, dass das, was der Anfänger des Weges unter Leiden versteht und loswerden will, sich als eines der Hindernisse auf dem Weg entpuppt? Bestimmte Emotionen, negative Gefühle nicht mehr haben zu wollen. Oder etwas ausgrenzen zu wollen?

Schritte, die eben noch heilsam waren für einen fortschreitenden Menschen des Weges, können sich zu einem späteren Zeitpunkt in Gift verwandeln. Es kann aber auch umgekehrt sein. Ich verwende hier manchmal das Bild der Gehhilfen oder Krücken. Diese Gehhilfen waren vielleicht in einer Phase deines Weges von unterstützender Natur, aber wenn jemand gehen kann, oder sogar bereits die Qualitäten eines Marathonläufers entwickelt hat, will er – um bei dem Bild zu bleiben – keine Krücken mehr mit sich herumschleppen.

Kannst Du uns ein Beispiel dafür nennen?

Diese Krücken sind z.B. eine Metapher für verschiedene Formen der inneren Praxis, die dienlich sein können, die vielleicht aufbauender, trostspendender oder sinngebender Natur sind. Nehmen wir an, du arbeitest mit der Form eines aufbauenden Mantras, das du häufig wiederholst. Es ist stärkender Natur. Wenn die Zeit dieses Mantras abgelaufen ist, du das jedoch nicht wahrnimmst und es weiter wiederholst, kehrt sich der Heileffekt um, es wird zu einem Hindernis, zu einer Anhaftung. Das ist wahrscheinlich der Schatten einer jeden Krücke, dass sie dann zu einer liebgewonnenen Anhaftung wird, die man nicht wieder loslassen will. Das gleiche gilt für gewonnene relative Erkenntnis, für eingesehene relative Wahrheiten. Kaum hast du etwas erkannt, gerätst du in den spiraligen Sog des nächsten Sterbeprozesses, so dass das, was eben noch wahr war, jetzt schon wieder nicht mehr wahr ist. Der

Erkenntnisprozess hinein in das tiefste Erkennen ist ja kein linearer Geburtsprozess, in dem immer mehr geboren wird, bis schließlich alles geboren ist. Es ist vielmehr ein beständiger ‚Stirb und werde'-Prozess, so wie jede Transformation ein ‚Stirb und werde'-Prozess ist. Durch sich wiederholende Sterbeprozesse wird immer wieder das bereits Existierende aufgelöst: existierende Wahrheiten, existierende Perspektiven auf dich selbst, auf das, was du *glaubst-was-ist*. All das löst sich wieder auf und stellt sich plötzlich ganz anders dar. Um diesen Weg zu gehen, muss ich also bereit sein, diesen ständigen ‚Stirb und werde'-Prozess zu durchlaufen. Und das erfordert die Kunst der Nichtanhaftung.

Um diesen Weg zu gehen, muss das Ich bereit sein, diesen ständigen ‚Stirb und werde'-Prozess zu durchlaufen.

Du hast mehr als einmal gesagt, diese Befreiung ist in jedem Moment verfügbar. Jetzt sprichst Du von einem ‚Stirb und werde'-Prozess, in dem immer wieder ein Fallen, ein Loslassen geschieht. Ist das Deine Erfahrung als Lehrer, dass Erwachen ein Prozess in der Zeit ist bei den meisten Schülern?

Der Erweckungsprozess als jener Prozess, welcher sukzessive die Augen öffnet, ist ein Prozess, der allmählich voranschreitet. Das direkte und vollständige Erkennen *dessen-was-ist* geschieht im Bruchteil einer Sekunde. Ich könnte auch sagen, so wie Papaji[19] es ausgedrückte, es hat die Dauer eines Wimpernschlages. Das

Sehen an sich, die direkte Erkenntnis, ist jenseits von Zeit. Es erfordert keine Zeit. Der Weg des Augenöffnens, was ja auch bedeutet, *‚der Weg der Erlangung der rechten Mittel'*, ist ein Weg des allmählichen Voranschreitens. Wenn ich gefragt werde, ob vollständiges Erwachen ein Prozess in der Zeit ist oder ein Geschehen jenseits von Zeit, dann kann ich nur antworten: Es ist Beides. Oder: Es ist wedernoch. Mit Sicherheit ist es nicht das Eine *oder* das Andere.

Das finde ich schwer zu verstehen.

Vielleicht erinnerst du dich an ein Zitat eines amerikanischen Weisheitslehrers, das ich in diesem Zusammenhang immer wieder benutzt habe: „Es kann ein Leben lang dauern, um die Augen zu öffnen, aber es reicht ein Blitz um zu sehen".

Und ein anderes Zitat von Dir: „Meditation führt nicht zur Erleuchtung, aber es erhöht die Wahrscheinlichkeit."

Das ist nicht von mir, sondern von Baker Roshi[20].

Es gibt einen Weg der Vorbereitung, der das Terrain bereitet, und die Frage, was dann geschieht, bleibt offen?

Ich erinnere mich an eine Lehrsituation mit einem anderen Meister, bei der ich zugegen war. Da sagte jemand: Ich habe Angst, dass ich Erleuchtung in diesem Leben nicht erlangen werde. Und der Meister antwortete: Und wenn du auch das akzeptieren würdest? In diesem Moment. Wärst du dann in Frieden? – Wir wissen nicht, welche Schritte der Entfaltung und Selbsttranszendenz in dem jeweiligen menschlichen Organismus vorgesehen sind. Die Erfahrung in Gelassenheit, in Kenntnis des *Heiligen Gesetzes* ist die: Alles geschieht zu seiner Zeit. Und alles braucht die Zeit, die es braucht.

Alles geschieht zu seiner Zeit. Und alles braucht die Zeit, die es braucht.

Machen wir uns nichts vor. Jeder Suchende auf dem Weg fragt sich, was kann ich aktiv beitragen? Und was geschieht einfach, was bekomme ich geschenkt?

Dein Beitrag besteht darin, nichts zu tun, was zu unterlassen ist und nichts zu unterlassen, was zu tun ist. Es ist durchaus etwas zu tun, das zeigt die Notwendigkeit der inneren Praxis. Allerdings ist dem Anfänger zunächst nicht offenbar, dass die innere Praxis, das *Sadhana*, nicht dasselbe ist wie Tun. Jede Form der Inneren Arbeit versteht dieses Ich zunächst als Tun. Tun übersetzt als: ‚Ich tue'. ‚Ich muss etwas tun, um etwas zu erreichen.' Diese ich-hafte Perspektive des Tuns wandelt sich im Fortschreiten und in der zunehmenden Reifung in das paradoxe *Tun im Nicht-tun*, das *wu-wei* [21] (s. auch *Intelligenz des Erwachens*[22], S. 197). Das *Tun im Nicht-tun* ist ein Geschehen, in dem etwas getan wird, ohne dass ich dieses Tun in Besitz nehme und mir vormache, es handele sich um ‚mein' Tun, um persönlichen Gewinn daraus zu erzielen. Es geschieht eben. Es geschieht, weil der Große Plan vorsieht, dass es geschieht.

Ich kann das aus einer kürzlich gemachten, tiefen Erfahrung bezeugen. Ich konnte sehen, dass Selbsterforschung mit den Werkzeugen des Machers nicht möglich ist. Sondern es geht darum, in eine lauschende Haltung zu gehen. Also dieses Gehen, mich zu disziplinieren – in ein Lauschen, das habe ich als meinen Beitrag empfunden. Dann ging es einfach nur darum, zu empfangen, was dann kam. Ist das eine Erfahrung, die dazu passt?

Das Empfangen ist noch nicht *wu-wei*, das *Tun im Nicht-tun*. Die Aufmerksamkeit, die sich zunächst vielleicht auf Seiten des Machers mühevoll voran bewegt, fällt in einem Zustand größerer innerer Weite auf die andere Seite, das mühelose Empfangen, welches passiv ist. Aber das *Tun im Nicht-tun* ist weder ein aktiver, noch ein passiver Zustand des Ichs. Es ist weder ein Zustand persönlichen Tuns, noch ist es ein Zustand des Empfangens. Es ist ein Vereinigungszustand, in dem etwas getan *wird*, wenn etwas zu tun ist, und nichts getan *wird*, wenn nichts zu tun ist. Das heißt: Wenn etwas zu tun ist, tue *ich* nichts. Und wenn nichts zu tun ist, tue *ich* auch nichts.

Ich versuche, dem noch weiter zu folgen. In meiner Erfahrung gibt es in mir ein inneres Drängen, ein Sehnen, das so wichtig ist wie Überleben. Erst dadurch gelange ich in eine demütige Haltung, um empfangen zu können, was kommt.

Ich habe zu Beginn dieses Drängen mit dem harmlosen Begriff des Interesses beschrieben. Dein Interesse muss die Stärke erreicht haben, als ginge es um dein Überleben. Es gibt Kurzgeschichten in der Weisheitslehre, die genau das beschreiben: Ein Mensch, der es wirklich wissen will, muss aus der inneren Position handeln, die der eines Ertrinkenden gleicht, der um Leben und Tod kämpft. Solange dieses Drängen, diese Dringlichkeit nicht gegeben ist, ist das Interesse auch nicht ausreichend. Erst wenn das Leiden seine ganze Dimension preisgegeben hat, erst dann ist die Basis dafür gegeben, dass der Ruf des inneren Meisters, der Ruf des SELBST auch gehört werden kann. Solange tamasische[23] Ebenen des Geistes zu stark sind und dieses vollständige Drängen und diese absolute Dringlichkeit vernebeln – in falscher Selbstzufriedenheit, in einem Leben auf Nebenschauplätzen – solange das der Fall ist, kann eben dieser Ruf, der aus der Stille kommt, nicht vernommen werden. Die inneren Ohren sind zu taub. Die inneren Augen sind zu blind. Die gesamte innere Situation ist noch zu dumpf, zu grob, um den Ruf des Feinsten des Feinen zu realisieren: das BEWUSSTSEIN selbst. Jenseits von Phänomenen, jenseits von

Gedanken, jenseits von Gefühlen, jenseits von allem, was kommt und geht.

Am Anfang, in dem Zitat von dir, hast Du gesagt, dass Erwachen für jeden verfügbar ist. Nur, wir sehen es eben nicht, weil wir verblendet sind. Was genau hindert den Menschen? Du sagtest, er hat kein Interesse. Wenn ich bei mir schaue: Ich wusste nichts von einem Lehrer. Ich war damit beschäftigt, mich zu verbessern, um besser durchs Leben zu kommen. Wie kann es denn überhaupt geschehen, dass ein Mensch eine Ahnung von der Erwachensmöglichkeit bekommt?

Es gibt die unwahrscheinlichsten Geschichten von Menschen, die ohne irgendwelche Unterstützung ihrer Mitwelt plötzliche, völlig unvorhersehbare Einsichten erhielten in die REALITÄT. Und scheinbar haben diese Menschen in diesem Leben nichts dafür getan, für diesen gnadenvollen Akt. Aber du erinnerst dich sicher an meinen Querverweis zu Ramana Maharshi[24], der auf die Frage, ob bestimmte Menschen ihre innere Praxis nicht mehr tun müssten in diesem Leben, antwortet: Ja, die, die es schon in früheren Leben getan haben, müssen es nicht mehr tun. Alle haben es getan. Alle müssen es tun. Und in welchem Reifezustand sich diese Seele befindet, wissen wir nicht. Alles folgt einem göttlichen Plan.

Das SELBST steht jedem Menschen in jedem Augenblick zur Verfügung! Das ist eine radikale Aussage.

Noch radikaler ist allerdings die Aussage: Jeder Mensch ist in jedem Moment schon DAS! Nur weiß er es nicht. Um dieses Wissen zu erlangen, braucht es jene Mittel, die seit Menschengedenken auf diesem Weg eingesetzt werden. Die Gesamtheit der eingesetzten Mittel, die rechten Mittel des Weges, das ist das *Sadhana*[25], die innere Praxis. Von diesen Mitteln gibt es vielfältige Ausprägungen und dennoch Gemeinsamkeiten. Gemeinsame Adressaten, gemeinsame Zielsetzungen, aber unterschiedliche Formen und unterschiedliche Ebenen, auf denen diese Praxis arbeitet.

Die Gesamtheit der eingesetzten Mittel, die rechten Mittel des Weges, das ist die innere Praxis.

Du hast den Suchenden kurz angesprochen, der verwickelt ist und es nicht merkt. Du sprachst von der Dringlichkeit des Ertrinkenden. Es braucht also einen Leidensdruck bei den meisten Menschen und überhaupt die Bereitschaft – Wonach? Wozu?

Nun, diese Bereitschaft zu erkennen, dass alles, was sie bisher getan haben, um glücklich zu sein, alles, was sie ein Leben lang versucht haben, um endgültige Erfüllung zu erlangen, Ruhm, Anerkennung, Geld, Macht, Beziehung, Partnerschaft, Kinder, Vergnügungen aller Art, dass sie an alldem eigentlich gescheitert sind. Solange wir den denkenden Geist immer noch damit beauftragen, nach Lösungen zu suchen, sind wir noch nicht am Ende. Am Ende sind wir erst, wenn wir eine Todesnähe erfahren. Wenn der Tod auftritt und die Rahmenbedingungen, unter denen ich bisher glücklich sein konnte, zerstört. Er nimmt mir beispielsweise meine Partnerschaft. Er nimmt meine Kinder. Er nimmt mir meinen Beruf. Er nimmt meine Gesundheit. Er nimmt mir etwas, das ich in meinem kompensierten Leben brauchte, um glücklich zu sein. Dazu ein Zitat von Ken Wilber: „Sein Leben versinkt im Morphiumdunst, und indem er sich der narkotisierenden Wärme seiner Kompensationen hingibt, gelingt es ihm sogar, sich zumindest für einen wonnigen Augenblick, in dem ihm alles hinter einem rosaroten Schleier zu versinken scheint, dem Glauben hinzugeben, dass diese dualistische Welt doch im Großen und Ganzen recht angenehm sei.“[26] Zuvor ist mir gar nicht aufgefallen, dass ich nicht vollständig glücklich und in Frieden war. Werden diese Rahmenbedingungen zerstört, fällt die Lüge auf. Es stellt sich heraus, dass ich nicht, in keinster Weise, frei war, sondern abhängig von Bedingungen, von denen ich nicht realisierte, dass es keine ‚Lebensbedingungen' waren, sondern Bedingungen meiner eigenen inneren Welt, welche da im außen erschienen. Diese Todesnähe erhöht den Leidensdruck. Das stellt sich aus der Sicht des gewöhnlichen Menschen vielleicht als Katastrophe dar, als das Schlimmste, was es zu vermeiden gilt. Während es sich aus Sicht der Weisheitslehre als das Beste darstellt, was demjenigen geschehen kann. Schwierig wird es nur, wenn er nicht in der Lage ist, das zu sehen und zu nehmen. Wenn er seine

Chance verkennt. Der Volksmund sagt: Mache aus der Not eine Tugend. Das wird zwar für gewöhnlich auf oberflächliche Ebenen des Daseins angewendet, beschreibt aber das Prinzip, dass ich meine: die Transformation. Wie immer ist es abhängig vom freien Willen dieses Menschen, ob er nun den Leidensdruck durch Todesnähe nutzen kann. Erkennt er das, ist es die größte Chance, die er jemals hatte. Oder er verstrickt sich in den Kampf gegen den Tod, weil er nicht aufgeben will. Dann versinkt er immer tiefer in Leiden, wird depressiv, krank, und irgendwann wird er an diesem Unglück zugrunde gehen. Das Wandlungsprinzip der Transformation lehrt uns: Das Schlimmste könnte das Beste sein und das Beste könnte das Schlimmste sein. In Wahrheit ist alles ganz anders.

Sind Schüler des inneren Weges Gescheiterte? Und braucht es Wertschätzung für dieses Scheitern?

Unvollständig Gescheiterte, das ist das Problem. Die Wertschätzung für das Scheitern ist ein zentrales Thema des inneren Weges. Das Scheitern, das sich aus der Perspektive eines gewöhnlichen Menschen als feindseliger Tod darstellt, könnte sich aus der Perspektive der Befreiungslehre als die große Chance der Seelenfreiheit offenbaren. Scheitern führt in die innere Kapitulation. Innere Kapitulation führt in die Hingabe.

Die Wertschätzung für das Scheitern ist ein zentrales Thema des inneren Weges.

Du sprichst von der Perspektive der Weisheitslehre. Mich bewegt die Frage, wie es kommt, dass es kein grundsätzliches Interesse an der Weisheitslehre gibt. Was bringt mich dazu, mich immer wieder der Kompensation zuzuwenden?

Verblendung, Täuschung, Unwissenheit, Bequemlichkeit, Naivität ... Der innere Gegner hat viele ‚Tugenden'.

... also heißt das auch, dass ein Großteil der Menschen keine Schulung sucht, keinen Meister, keine endgültige Autorität, die ihn lehren kann, das zu erkennen?

Ja. Wer braucht die? Und wer weiß überhaupt von ihr? Trotzdem sehen wir, dass die Menschheit sich entwickelt. Man muss die kollektiven Errungenschaften einer Entwicklung in der Menschheitsgeschichte auch zu würdigen wissen. Wir leben beispielsweise nicht mehr alle im Zeitalter der Barbarei. Es gibt eine zu bezeugende kollektive Weiterentwicklung, ein evolutionäres Wachstum der Menschheit. Diese kollektive Entwicklung, dieses Aufstreben, ist aus Sicht der Weisheitslehre natürlich begrenzt und immer wieder von Rückschlägen gezeichnet. Aber man darf nicht vergessen: Es hat zu allen Zeiten der Menschheit Menschen gegeben, die sehr, sehr weit entwickelt waren, auch vor z.B. 2000 Jahren lebten vollständig realisierte Meister. Man muss sich das vorstellen, völlig jenseits einer technisierten Gesellschaft, in einer Gesellschaft, die man kaum als zivilisiert beschreiben kann. Während die Masse der Menschen noch nicht einmal in das 3. Gehirn – in das rationale Bewusstein – aufgestiegen war.

Würdest Du die Weiterentwicklung auch in den Kontext von Erwachen stellen? Oder ist es eine ganz andere Ebene?

Es gibt einen kollektiven Erwachens-Prozess, den wir seit Beginn der Menschheitsgeschichte bezeugen.

Woran machst Du das fest, dieses Erwachen?

Nun ja, der Geisteszustand eines modernen Menschen ist nicht mehr der eines Neandertalers vor 40.000 Jahren, oder?

Was wären für Dich konkrete Anzeichen für das Erwachens-Geschehen im modernen Menschen?

Die Aufklärung. Die Aufklärung beschreibt die höchste Kapazität persönlicher, rationaler Intelligenz, zu der eben dieser Verstand, also der denkende Geist in der Lage ist. Das nenne ich eine relative Erweckung des Menschen.

Der Schritt aus der Unmündigkeit in den aufgeklärten Verstand?

Ich verwende in der Inneren Arbeit mit Menschen die vereinfachte wie auch grobe Ordnung der *drei Gehirne*, weil sie anschaulich ist, und weil sie sich eignet, mit Menschen konkret danach zu arbeiten. In der Philosophie stelle ich komplexere Modelle der Bewusstseinsentwicklung vor, welche auch Sozialbezüge integrieren, aber das Wissen um die drei Gehirne ist in der Inneren Arbeit eine wichtige Orientierung. Und die Aufklärung beschreibt, vereinfacht gesagt, den großen Schritt von der Stufe des zweiten Gehirns in das dritte, in den integrierten Verstand, der sich *Vernunft* nennt. Wissenschaftliches Denken ersetzt emotional aufgeladenes Denken.

Den Zustand vollständig erwachten Menschseins beschreibst Du als das vierte Gehirn?

Das *vierte Gehirn* ist ein überpersönlicher Zustand, der nicht mehr von einem persönlichen Denker, Fühler oder Macher gekennzeichnet ist, sondern ein Zustand der Transzendenz, in dem die Dinge geschehen, wie sie geschehen. Und das, worin sie geschehen, könnte man als den *natürlichen Zustand* beschreiben. Der Mensch ist vollständig in seine wahre Natur eingekehrt.

Welche Rolle spielt Intelligenz im Erwachens-Prozess? Was genau ist Intelligenz?

Intelligenz ist die Kernqualität des sattvischen[27] Geistes. Jedem der drei Intelligenzzentren ordnen wir eine essentielle Qualität zu: Den reinen Instinkt (1.), die reine Intuition (2.) und die reine Intelligenz (3.). Diese Qualitäten bewussten Daseins vereinigen sich zu einem großen Ganzen und transzendieren in den Zustand des *vierten Gehirns*.

Bis zu diesem transzendenten Zustand ist die (reine) Intelligenz die höchste und wichtigste Eigenschaft der drei Intelligenzzentren, hierarchisch an oberster Stelle stehend. Ich kann z.B. bestimmte Dinge fühlen, und über das Fühlen empfange ich sehr viele Facetten, vielleicht auch sehr differenzierte Facetten. Nur, wenn die Intelligenz diese fühlenden Informationen nicht wirklich ordnen kann, wenn sie sie nicht scharf analysieren und umfassend synthetisieren kann, dann sind diese Informationen, dann ist fühlende Wahrnehmung äußerst begrenzt. Mit anderen Worten, sie muss durch (reine) Intelligenz gedeutet werden. Das ist die Deutungshoheit von Intelligenz, die eine große Rolle spielt – die ungefärbte Deutungshoheit durch reine Intelligenz.

Andererseits scheint es für viele hoch intellektuelle Menschen ein Hindernis für vollständiges Erwachen zu sein, dass sie ‚niedere' Intelligenzen nicht integriert haben. Folglich geht es um die Integration?

Intellektualität ist nicht gleich Intelligenz, es ist desintegrierte Intelligenz. Genauso wenig, wie Gelehrsamkeit die Durchdringung der Lehre ist. Die Intelligenz, von der ich spreche, ist die reine Intelligenz, die sattvische Intelligenz als essentielle Qualität des dritten Intelligenzzentrums des Menschen. Diese reine Intelligenz ist eine *integrale Intelligenz*, die alle niederen Stufen von Intelligenz, also den *Instinkt* und die emotionale Intelligenz, die *Intuition*, vollständig aufgenommen hat. Sie hat diese Formen der Intelligenz innerhalb eines evolutiv-involutiven Prozesses integriert, so dass es sich nicht mehr um eine Kopf-Intelligenz handelt, sondern um eine organismische Intelligenz. Organismische Intelligenz ist *integrale Intelligenz*, eine Form der Intelligenz, in der alle Facetten deines Daseins vollständig integriert sind. Ich könnte also sagen, eine Intelligenz jeder Zelle deines Daseins.

Intellektualität ist nicht gleich Intelligenz, es ist desintegrierte Intelligenz.

Das Ich in seiner dualen Welt denkt linear – von einem Anfang hin zu einem Ende. Integraler Intelligenz ist dieses lineare Denken zu einem Ende hin fremd? Wenn das der Fall ist: Was gibt es dann noch zu erreichen? Wo geht es hin? Wie lässt sich ein nächster Schritt tun? Wie entsteht Dynamik?

Evolution hat kein Ende. Dieser evolutiv- involutive Bogen ist ein endloses Geschehen, ohne Anfang und ohne Ende. Wir stellen uns vor, wo es hingehen könnte? Wir stellen uns vor, dass es ein bestimmtes Ziel gibt. Wenn dort alle angekommen, alle zufrieden sind, was machen wir dann? Das wissen wir auch nicht. Wir haben kindliche Vorstellungen vom Erreichen eines endgültigen Zuhauses innerhalb der Evolution. Atlantis, Shangri-la oder der Garten Eden sind symbolische Orte – sie verweisen auf einen Ort der Stille jenseits all dessen, was kommt und geht. In der geschaffenen Welt haben sie nie existiert, existieren sie nicht und werden nie existieren.

Dieses endgültige Zuhause ist das Unvergängliche?

Ja, sie symbolisieren diese Sehnsucht nach dem Unveränderlichen, dem Ewigen, das ist das SELBST, jenseits jeglichen Geschehens, jeglicher Veränderung, jenseits von allem, was kommt und geht. Das, was in jedem Moment gewahr ist. Darin, in diesem endlosen Gewahrsein, vollzieht sich ein Geschehen, das genauso endlos ist wie das Gewahrsein selbst. Die Unvergänglichkeit der Vergänglichkeit. Denn selbst die Vergänglichkeit kennt kein Ende. Alles ist ein Geschehen ohne Anfang und ohne Ende.

Warum geschieht das alles?

Warum geschieht das? Nun, philosophische Warum-Fragen sind die falschen Fragen, weil sie von falschen Voraussetzungen ausgehen. Warum-Fragen gehen immer davon aus, dass es Ursachen gibt. Thorwald Detlefsen[28] führte diese Frage ad absurdum, indem er klarmachte: Wenn der Fragende dann bei der Ursache angelangt ist, stellt sich immer noch die Frage nach der Ursache der Ursache. Nehmen wir den Urknall als Ursache des Universums an, dann stellt sich immer noch die Frage nach der Ursache für den Urknall. Die Warum-Frage ist eine Frage des Verstandes, sie ist in sich selbst begrenzt. Zu begrenzt, um Antworten auf die wirklich großen Fragen zu liefern. Anders als *Wer*-Fragen. Trotzdem gibt es begrenzte Antworten, die den Verstand begrenzt befriedigen können: Nämlich, dass all das geschieht, weil Gott sich selbst sehen will, um sich an sich selbst zu erfreuen. Das ist eine Metapher, die wir ruhig einmal so stehen lassen können.

Die Frage nach dem Sinn von allem ist also begrenzt. Sinn ist auch ein Synonym für Verstand. Setzen wir also einmal den Begriff Verstand in die Frage ein, dann würde sie lauten: „Was macht das alles für einen Verstand?“ Es macht eben keinen Verstand. Es ist nicht für den Verstand. Selbst wenn du die Früchte des inneren Weges erntest, macht es keinen ‚Sinn‘. Du erkennst: Das ist *Realität*. Das Erwachen aus Illusionen, aus verblendeten Welten, führt zu ständig erweiterten Bewusstseinszuständen und zu relativ zunehmendem Frieden. Auch wenn der absolute Frieden, das absolute Erkennen noch nicht vorhanden ist, so gibt es doch einen nicht zu leugnenden Weg innerer Weitung, zunehmender

Gelassenheit und der Erlangung von Gleichmut gegenüber Leben und Tod. Wenn die größten treibenden Ängste deines Geistes nachlassen und du in eine natürliche Akzeptanz des Daseins eintrittst, dann ist das nicht gleichzusetzen mit absoluter Erkenntnis, aber doch mit relativ zunehmender Freiheit und relativ zunehmender Erfüllung. Jenseits des Verstandes, also Sinn-los.

Wenn Du sagst: Die Evolution setzt sich ewig fort, könnte man auch sagen: Ein Erwachen vertieft sich?

Die Frage, ob Evolution grundsätzlich ein Erwachensprozess ist, oder ob sie vielleicht auch das Gegenteil sein kann, ein Prozess der Verdunkelung des Bewusstseins, ist nicht eindeutig zu beantworten. Sie kann beides sein. Ich verweise auf das Buch *Intelligenz des Erwachens* (z.B. S. 207ff). Dort findet sich eine ausführliche Auseinandersetzung mit der Thematik bewusster bzw. unbewusster Evolution und Involution. Dennoch bleibe ich bei der übergeordneten Aussage, die ich schon zuvor in unserem Gespräch machte: Die Evolution-Involution ist ein großer Erwachensprozess mit zunehmender Tiefe.

In mir ist eine Frage aufgetaucht, die sich aus einem Ausspruch von Dir ergibt: „Erwachen ist nicht gleich Erwachen“. Und die Frage ist: Was ist der Unterschied zwischen einer Erwachenserfahrung oder Erwachenserfahrungen und vollständigem Erwachen?

Erwachenserfahrungen sind erstens vorübergehender Natur, und zweitens dadurch gekennzeichnet, dass die vollständige Durchdringung des denkenden Geistes nicht geschehen ist. Erwachenserfahrungen entwurzeln den denkenden Geist nicht.

Ich würde gern noch mal weiterfragen zu der Feststellung „Erwachen ist nicht gleich Erwachen". Gibt es denn verschiedene Formen des Erwachens?

Nein, es gibt unendlich viele Formen von Erwachens*erfahrungen*.

Eben. Das heißt also, Erwachen gibt es doch eigentlich nur als vollständige Realisation?

Die Aussage „Erwachen ist nicht gleich Erwachen" bedeutet eigentlich, dass viele Menschen, die Erwachenserfahrungen gemacht haben oder machen, diese mit vollständigem Erwachen verwechseln und landen. Nach meiner Erfahrung sogar die meisten. Und solange die Erwachenserfahrung präsent ist, kann sie Grenzenlosigkeit, vollständige Grenzenlosigkeit, auch vortäuschen. Die Grenzen werden möglicherweise erst zu einem bestimmten Zeitpunkt aufgezeigt, nämlich dann, wenn diese Erwachenserfahrung an Grenzen stößt, das bedeutet, an Grenzen des Verständnisses eines Ich-Geistes, der ja angeblich nicht mehr vorhanden war.

Das heißt, sie merken selber gar nicht, dass sie es überhaupt noch mit dem Geist zu tun haben?

Der Geist ist ein hochgradig subtiles Geschöpf, und wir wissen aus Erfahrung, dass der Geist – das habe ich häufig auch in Indien bei Papaji beobachten können, nicht bei Papaji selbst, aber bei Schülern vor Ort – dass der Geist sich vorübergehend scheinbar vollständig auflösen kann und dann doch als Identifikation subtil zurückkehrt, zunächst ohne Kenntnis desjenigen. Papaji wies die Schüler im Satsang an: „Show me the mind! Where is it?" Und sie suchten überall und konnten ihn nicht finden, manchmal unter großem Gelächter. Viel später, manchmal erst bei einem Ortswechsel, zurück in Europa, war er jedoch wieder da.

„Show me the mind! Where is it?"

Das heißt, sie haben sich vor ihrem Erwachen eigentlich nicht genügend mit dem Geist beschäftigt, mit der Frage: Was ist der Geist? Kann man das sagen?

Es gibt eine unzureichende Kenntnis des inneren Gegners, ja.

Nehmen wir das Beispiel, wie ich das auch in anderen Zusammenhängen mit Schülern erlebt habe. Ich nannte es den ‚Einbruch in die Liebe', die wie ein bedingungsloser Strom einer bedingungslosen Hingabe wirkt. Viele glauben dann, das sei die ‚Erleuchtung'. Und dann tauchen, scheinbar aus dem Nichts, moralisch geprägte Urteile auf, die ‚wahr' sind. In der Realität sind sie nicht ‚wahr', sondern selbstgerecht. Selbstgerechte Urteile, die eine absolute ‚Wahrheit' für sich beanspruchen, entstammen in spirituellen Kreisen, in denen der Begriff ‚Erleuchtung' zum Vokabular gehört, meist dem *Grünen Mem*[29] (s. auch S. 85f.), einer Bewusstseinsschicht des denkenden Geistes, in der viele spirituelle Sucher ebenso wie spirituelle Lehrer sich aufhalten. Wie kann denn überhaupt das ganze Konzept von Moral, genauso wie das Konzept von Unmoral, in einem geistig leeren Raum existieren? Erleuchtung ist amoralisch.

Das ist sicherlich eine berechtigte Frage.

Identifizierte Wertesysteme – und zu denen zählt auch die Moral – gehören zu der Welt der unaufgestiegenen Gedanken, d.h. sie sind zunächst nicht als Gedanken zu bezeugen. Erwachenserfahrungen durchdringen diese persönlichen Ideenwelten nicht vollständig. Sie lösen sie nur vorübergehend auf. Erwachenserfahrungen sind keineswegs das Ende des Egos. Sie sind nicht einmal notwendigerweise eine Schwächung des Egos, sie können sogar verborgene Schatten verschleiern und Überhöhung und Selbsttäuschung zur Folge haben.

Erwachenserfahrungen sind keineswegs das Ende des Egos.

2014 erschien von Dir ein Text ‚Verfrühte Ansprüche auf Erleuchtung'[30], in dem Du genau diese Verwechslung vielen ‚Satsang-Lehrern' attestiert hast. Es ging damals um eine Veranstaltung in Berlin, das sog. ‚Forum Erleuchtung'. Das sei kein ‚Erwachten-Forum', sondern allenfalls ein ‚Erwachenden-Forum'. Du sprachst von einem ‚Etikettenschwindel'. Aus diesem Umfeld hattest Du eine Frau nach Gut Saunstorf in die Sangha eingeladen, um dort ihre Erwachenserfahrung zu teilen. Das war soweit in Ordnung und stimmig. Als ich dann später ihren Schriftwechsel mit Dir las, war ich ziemlich erschüttert über ihren Realitätsverlust. Sie wusste gar nicht, wo sie wirklich stand. Was mir da entgegenkam, waren Arroganz und Überhöhung. Ich erinnere mich noch an diesen Satz von ihr: Mit dem Thema Macht hätte sie nie etwas zu tun gehabt ...

Überhöhung bedeutet nur, dass jemand nicht da steht, wo er zu stehen glaubt. Überhöhung ist nicht realisierter Geist. Sie hat mich nicht verstanden. Das ist in einem Zustand der Überhöhung auch nicht möglich. Wenn Überhöhung auch noch unter dem Deckmantel der Liebe in Erscheinung tritt, dann geschieht Täuschung und Missbrauch, der von demjenigen selbst genauso wenig erkannt wird, wie von den meisten Schülern.

Ich sah sie dann auf einer Ankündigung für eine Podiumsdiskussion eines großen esoterischen Kongresses zum Thema: ‚Gibt es Missbrauch auf dem spirituellen Weg?'

„Den Bock zum Gärtner machen“ nennt das wohl der Volksmund.

Die Worte nicht endgültig realisierter Satsang-Lehrer sind häufig die gleichen, wie sie auch die realisierten Meister gebrauchen. Tradition ist, dass sich der Schüler der Prüfung durch einen Meister unterzieht und von ihm als Lehrer autorisiert wird - oder eben nicht. Was hilft mir, die Spreu vom Weizen zu trennen?

Die Wahrheit zu finden, ist allein in den gebrauchten Worten häufig nicht möglich, schon gar nicht durch Hörensagen aus zweiter Hand. Es braucht dann eine persönliche Begegnung, ein Dharma-Gespräch. Es erlaubt und erleichtert, auch zwischen den Worten lesen zu können. Ich mache jedoch immer wieder dieselbe Erfahrung: Menschen, die sich den Begrenzungen ihres Urteilsvermögens nicht bewusst sind, kommen zu ihren (Vor-)Urteilen in der Ferne, nie in der Nähe. Deshalb kommen sie dann auch nicht zu mir, vermeiden die direkte Begegnung, den Austausch und stellen keine Fragen. Der Geist hat Angst vor Aufdeckung.

Genauso war es ja auch mit dieser Frau. Sie beschrieb in dem Brief, ihre direkten Erfahrungen in der persönlichen Begegnung mit Dir seien eigentlich ganz natürlich gewesen, und dann ist sie in der Ferne in Geschichten von zurückgewiesenen

Schülern eingestiegen und ist einer Täuschung erlegen. Aber ist das nicht eine berechtigte Angst des denkenden Geistes, die Angst vor Aufdeckung?

Nein, Demut hat keine Angst vor Aufdeckung.

Seit mehr als 25 Jahren nutzt Du das Enneagramm[31]*, um Strukturen der verborgenen, geistigen Welt sichtbar zu machen. Kann das Enneagramm eine Auskunft darüber geben, wie es zu solchen katastrophalen Verdrehungen kommt und der Bock sich für den Gärtner hält?*

Ja, sicher, aber das sprengt hier den Rahmen. Was das obige Beispiel betrifft, so ist das Wissen über den Geist des Ennea-Typs 4 (Der Künstler) von großer Bedeutung, denn diese Frau hatte eine Fixierung in diesem Typ. Besonders viele Frauen, die sich für Heilung und Spiritualität interessieren, sind in diesem Typ fixiert. Deshalb ist es sehr wesentlich, die geistige Welt dieses Typs zu verstehen. In der Dynamik des Enneagramms ist erkennbar, dass es sich um ein Herrscherprinzip handelt, welches in den Schatten gefallen ist und unter dem Deckmäntelchen des Opfers daherkommt. Das heißt, im Schatten dieses Ennea-Typs wirkt ein Missbrauch treibendes, selbstgerechtes Herrscherprinzip, das erstens in die Unsichtbarkeit des Schattens und zweitens in die Hände des Kindes gefallen ist. Das ist eine schwierige innere Konstellation, besonders dann, wenn dieser Schüler keinen äußeren Lehrer hat. Das

Kind schmeißt seinen ganzen Dreck ständig nach außen und erkennt nicht, dass es seiner ist. Und wenn das dann einfach zurückkommt, wird es sehr wütend und klagt an.

Wen denn?

Natürlich den Spiegel, der es zurückreflektiert.

Das Bewusstsein über Begrenzungen scheint ja eine entscheidende Rolle zu spielen, wenn es um die weitere Vertiefung von Erwachenserfahrungen geht.

Das ist eine Dialektik des Weges. Nur das Bewusstsein über Begrenzungen kann in die Unbegrenztheit führen. Ich finde es grundsätzlich eine erfreuliche Entwicklung, dass das Thema *Erwachen* immer breitere Kreise erfasst, aber es braucht eine viel größere Differenziertheit im Umgang mit dem Begriff des Erwachens, so dass Menschen mit Erwachenserfahrungen nicht gleich als ‚Erwachte' auftreten, sondern in einem offenen Prozess der Selbsterforschung und des Lernens verbleiben.

Wenn das Bild bemüht wird, der Verstand, oder der Geist sei ins Herz gefallen, abgeleitet von einer Aussage von Ramana Maharshi, dann gibt es offenbar die Möglichkeit, dass der angeblich ins Herz gefallene Geist sehr wohl weiter wirkt, aber im Zuge einer Selbsthypnose nicht wahrgenommen wird.

Was meinst du, wie oft ich den Satz höre: „Ich folge meinem Herzen", während ich etwas ganz anderes sehe. Also zunächst einmal ist die Frage, was mit Herz eigentlich gemeint ist. In dem Lehrbuch *Intelligenz des Erwachens* gibt es ausführliche Erläuterungen zur grundlegenden Verwechslung vieler spiritueller Menschen zwischen dem Herz und dem Herzzentrum. Das Herzzentrum ist nicht das Herz des Menschen. Wenn ich jemanden bitte: Lege deine Hand aufs Herz, dann wird er natürlich die Hand hier hinlegen [zeigt auf das Herzzentrum], wo soll er sie auch sonst hinlegen, er kann sie ja nicht an einen Nicht-Ort legen. Die Weisheitslehren meinen mit dem Herzen nicht das Herzzentrum, und vielleicht erinnerst du dich sogar an eine autobiografische Stelle in *Die Geburt des Löwen*[32]. Dort beschreibe ich so einen Moment der Verschiebung der Aufmerksamkeit, bei Castaneda[33] eine ‚Verschiebung des *Montagepunktes*'. Ein gewöhnlicher Mensch unterliegt unwissentlich dem Eindruck, das Zentrum seiner Aufmerksamkeit sei im Kopf lokalisiert. Das Wahrnehmende ist im Kopf und außerhalb des Wahrnehmenden sind die Objekte der Wahrnehmung. Das ist eine klassisch dualistische Perspektive. Und es gibt da einen Moment in der Autobiographie, wo ich beschreibe, wie der Ort, von dem aus scheinbar wahrgenommen wird, ‚vom Kopf ins Herz' fällt. Das ist eine sehr viel direktere Form der Wahrnehmung, welche Dualität schmelzen läßt, sie aber nicht gänzlich auflöst, auch wenn es in dem Moment so aussieht.

Also wenn das Wahrnehmende ins Herzzentrum fällt und die Welt von hier aus wahrgenommen wird, dann ist das eine teilweise Absorption des denkenden Geistes, der die Welt durch Projektion wahrnimmt, und es stellt sich ein vorübergehender Einheitszustand ein. Das kann auch im Zustand der Verliebtheit geschehen: Alles ist Liebe und die ganze Welt ist darin enthalten, es ist ein Einheitszustand. Aber *Advaita* ist keine Einheitslehre, und ‚Einheit' beschreibt noch nicht die letzte Realität, auch wenn sie gegenüber der Zweiheit (Dualität) eine große Bewusstseinserweiterung darstellt. Das Herz des Menschen, von dem die Weisheitslehren lehren, ist weder im grobstofflichen, noch im feinstofflichen Körper des Menschen zu finden. Es ist das, worin der grobstoffliche wie der feinstoffliche Körper vorhanden sind. Der Fall ins Herzzentrum kann ein Weg ins Herz sein. Er kann aber auch zu einer erneuten Landung führen.

Der Fall ins Herzzentrum kann ein Weg ins Herz sein. Er kann aber auch zu einer erneuten Landung führen.

Also das hört sich für mich im Moment so an, als würde erst einmal grundlegend Projektion umgekehrt in Introjektion[34].

Dem kann ich zustimmen. In jedem Fall handelt es sich um einen vorübergehenden Zustand, ohne dass vollendete Realisation alle Zustände durchdringt. Es gibt Zustände – und das ist, glaube ich, das Fazit unseres

Dialoges – die sehr wohl Einheit vermitteln und Einheit beschreiben und zugleich dem unbedarften Menschen wie Erleuchtung vorkommen müssen. Z.B. der ‚Einbruch in die Liebe'. Und es ist sicherlich auch nicht falsch, solche Zustände als erleuchtete Zustände zu beschreiben, aber ein erleuchteter Zustand ist eben nicht Erleuchtung.

Das heißt, nach so einer Erfahrung müsste das eigentlich ja geprüft werden von einem weiterentwickelten Erwachten, um zu schauen, wo die Grenzen liegen.

Nur eine Instanz, die hierarchisch übergeordnet ist, kann die Grenzen eines derartigen Zustandes aufzeigen. Aber viele dieser Menschen, die auf solchen ‚Erwachenskongressen' als vermeintlich ‚Erwachte' auftreten, sind nie durch das Feuer einer finalen Schüler-Lehrer-Beziehung gegangen. Entweder hat ihr denkender Geist sie eigenwillig abgebrochen, oder sie lehnen sie rundweg ab und führen das Konzept des ‚inneren Lehrers' an, eine Schutzargumentation, die der Verschleierung ihrer eigenen Abwehr dient, sich wirklich überprüfen zu lassen.

Als eine weitere Schwierigkeit ist die Landung im bereits erwähnten *Grünen Mem* zu nennen, eine Bewusstseinsschicht, die von großer Empfindsamkeit und von Mitgefühl für andere Menschen geprägt ist. Hier öffnet sich die Liebe für mich selbst und für andere Menschen. Das klingt gut, doch kommt es hier häufig zu einer Form der *Landung. Landung* ist ein Begriff, den ich von Eli Jaxon-Bear[35] übernommen habe. Er beschreibt ein energetisches Moment in einem inneren Prozess, nämlich eine Unterbrechung durch eine Form des Festhaltens. Ist ein innerer Mensch im Bewusstseinsprozess *gelandet,* so geht damit immer auch eine Verabsolutierung der gelandeten Perspektive einher. Die spezifische Schwierigkeit in einer solchen Landung in der Liebe besteht z.B. gerade darin, dass die Einsicht in Hierarchien begrenzt ist, denn die Liebe löst zunächst jede hierarchische Sicht auf. Derjenige glaubt also, es existieren keine Hierarchien, obwohl sein immer noch vorhandenes Ego sie in Wirklichkeit ablehnt. Eine Perspektive, die zwangsläufig in eine maßlose Überhöhung führen muss.

Und die Bereitschaft, sich das aufzeigen zu lassen, ist ja dann möglicherweise nicht so besonders groß.

Ein Lernprozess ist selbst in vollständigem Erwachen nicht zu Ende.

Eben, genau dieses Vorkommnis zeugt ja von der Begrenztheit des Erwachens, weil nämlich ein unbegrenztes Erwachen jederzeit die Offenheit in sich trägt, belehrt zu werden und durch den Prozess der Überprüfung möglicherweise auch zu höheren Erkenntnissen zu gelangen. Also ein Lernprozess ist ja selbst in vollständigem Erwachen nicht zu Ende. Vollständiges Erwachen bezieht sich in jedem Fall auf die vollkommene Auslöschung von jeglicher

Realitätsverzerrung durch einen denkenden Geist, es bezieht sich aber nicht auf das Ende eines Vertiefungsprozesses in Bezug auf die Durchdringung kosmischer Vorgänge.

Also wenn jemand sich als erwacht bezeichnet und das als die Aufhebung jeder Hierarchie verkündet, muss ich dann ein Fragezeichen machen? Das würde ja bedeuten, dass aus seiner Sicht Realität keine Hierarchien kennt.

Ken Wilber[36] macht die Unterscheidung zwischen Herrschaftshierarchien und Verwirklichungshierarchien. Das ist ja eine ganz wesentliche Unterscheidung zwischen verschiedenen Hierarchiesystemen, welche Menschen, die pauschal Hierarchien ablehnen, weder kennen, geschweige denn durchdrungen haben. Die Ablehnung von Hierarchien ist selbst eine hierarchische Betrachtung, in der sich der Ablehnende an die Spitze der Hierarchie stellt. Ein Vorgang, der von demjenigen nicht vollständig durchblickt wird.

Man kann das *Grüne Mem* auch als den Beginn des inneren Weges bezeichnen; es handelt sich um die erste, nachrationale Bewusstseinsschicht. Hier geschieht die Hinwendung zum fühlenden Wesen des Menschen und die Auflösung patriarchaler Denkstrukturen, was ein neues Miteinander in Menschlichkeit ermöglicht. Hier gibt es keine Autoritäten mehr, sondern nur mehr ‚spirituelle Freunde'. Alles wird egalisiert, homogenisiert und relativiert, Hierarchien verflachen oder lösen sich ganz auf. Falsches *Yang* wurde aufgelöst, aber es besteht die Gefahr, es durch falsches *Yin* zu ersetzen. Ich beschrieb dieses Phänomen in *Intelligenz des Erwachens* als die ‚Verweiblichung des spirituellen Weges', ohne explizit auf dieses *Grüne Mem* einzugehen. Doch der eigentliche Schatten, den diese Bewusstseinsschicht mitbringt, ist eine selbstgerechte Tugendhaftigkeit mit weiblicher Note, welche, uneingestanden hierarchisch ausgerichtet, all diejenigen verurteilt, welche sich nicht so verhalten, wie es die spirituelle Korrektheit verlangt.

Darin zeigt sich ein Absolutismus ...

... im Namen des Guten.

Es gibt von Papaji die Aussage, er hätte viele Erwachte gesehen, aber nur einen Erleuchteten, und das sei ein Wilder gewesen, der aus dem Urwald kam und gleich wieder verschwand. Also ganz einfach: Was war denn das? Woran hat er das erkennen können?

Daran, dass dieser Mensch vollkommen leer war. Wenn vorhin gesagt wurde: Die Projektion kann sich in Introjektion umkehren, dann bedeutet das beispielsweise, dass ein Mensch im Fall in das Herzzentrum sich mit einem sich scheinbar unendlich ausdehnenden Gefühl der Liebe identifizieren kann. Diese Identifikation ist nicht leer, sie ist nur von vorübergehender Einheit. Dazu ein Zitat von Irina Tweedie[37], die den Weg zu Ende ging: „In unserem System war keine Frau interessiert genug, zur höchsten Ebene zu gehen. Man muss dazu die Liebe hinter sich lassen. Nichts bleibt übrig. Das heißt nicht, dass man sie verliert, aber man lässt sie hinter sich“, schreibt sie in *Der Weg durchs Feuer* (S. 501).

Aber es geht hier ja nicht um Gefahren begrenzter Zustände. Jeder Zustand ist willkommen und der von mir beschriebene ‚Einbruch in die Liebe‘ ist ja ein wunderschöner Zustand. Es geht hier doch nur um das Phänomen der *Landung*, und diese Landungen geschehen im Wesentlichen bei Menschen, die sich nie einer endgültigen Schüler-Lehrer-Beziehung ausgesetzt haben. Jede Form von Begrenzung ist an sich nur ein vorübergehender Zustand auf dem pfadlosen Pfad in die Endgültigkeit. Auch begrenzte Lehrer können Schülern dienlich sein, darauf hat auch Gangaji[38] immer wieder hingewiesen. Erst wenn sich die eigene Begrenzung als Unbegrenztheit darstellt, weil sie geleugnet wird, geschieht Missbrauch an sich selbst und Missbrauch an den Schülern.

Wenn sich die eigene Begrenzung als Unbegrenztheit darstellt, weil sie geleugnet wird, geschieht Missbrauch an sich selbst und Missbrauch an den Schülern.

Ist denn im vollständigen Erwachen dieser Geist gar nicht mehr da? Oder ist er da und ist vollkommen durchdrungen?

Es ist der Denker, der sterben muss. Es sind nicht die Gedanken, sondern es ist der Denker. Dieser Denker, dieser vermeintliche Ursprung von Gedanken, ist es, der im Licht der Realisation aufgehen muss. Ist der Denker realisiert, fallen alle seine Welten in sich zusammen. Das ist die Große Selbsterforschung. Die kleine Selbsterforschung besteht darin, die Welten des Denkens, untergeordnet auch des Fühlens und des Empfindens, von Zerrbildern zu befreien – von Zerrbildern der Verblendung genauso wie von Unterdrückung, Abstumpfung und Abstieg in die Verdunkelung. Wenn sowohl Verblendungen, als auch Verdunkelungen aus dem Weg geräumt sind, bleibt eine reine Form des Denkens, die in der indischen Philosophie als sattvisch beschrieben wird, die aber noch immer einem persönlichen Denker angehaftet ist.

Was ist Erleuchtung? Die Definition, die Ramesh Balsekar[39] gab, gefällt mir außerordentlich: „Ich bin nicht der persönlich Handelnde". Es handelt sich dennoch um eine Perspektive, die der Form von Ramesh entsprach. Ich würde zunächst eine andere Definition bevorzugen, die der Form von OM noch mehr entspricht: „Ich bin nicht der persönlich Denkende." Sind diese Antworten unterschiedlicher Natur? Nein, das sind sie nicht. Die erste Antwort betont den absteigenden Bogen, die letztere den aufsteigenden. Beide Antworten sind also im Herzen identisch und deuten auf dasselbe. Trotzdem weise ich immer wieder darauf hin, dass das Leiden des

Menschen und seine Unwissenheit im dritten Gehirn entstehen, wo das Denken seinen Ursprung nimmt. Wir leiden nicht primär an irgendetwas, das mit dem Körper zu tun hat. Wir leiden auch nicht primär an Gefühlen. Wir leiden primär an Gedanken. Und im Kern aller Gedanken, die einem persönlichen Denker entspringen, an dem Gedanken ‚Ich'.

Wie war das in der Form, die wir OM nennen? War das auch ein Prozess, diesen Denker vollständig zu erkennen? Oder gab es einen Moment? Und wenn es ein Moment war, kannst Du ihn beschreiben?

Es gab beides. Einen Prozess und einen Moment. Es ist ein Mysterium, wie Gedanken zu Realität werden. Dass du einen Gedanken für absolut real hältst, das ist ein Mysterium. Du hast gar keine Ahnung, was ein Gedanke ist, eigentlich. Wenn ich dich frage: „Was ist ein Gedanke?", dann gerätst du ins Schwimmen. Es zeigt sich, dass diese Struktur, bestehend aus Gedanken und Denker, ein sich selbst erfüllendes System ist, welches sich selbst am Leben erhält. Ich versuche, in einigen Worten zu beschreiben, was in diesem Moment geschah: Das System offenbarte sich als ein Perpetuum mobile, welches nur dadurch Wirklichkeit hatte, dass es sich ständig selbst Realität verlieh. Plötzlich wurde deutlich, dass das ganze System eine geschlossene Blase ist. Die ganze Welt, selbst ‚Gott' war darin enthalten.

Denn das System des Geistes ist – die Welt. Eine Blase, in der eine Mechanik am Laufen ist, die davon lebt, dass sie sich selbst bewahrheitet.

Dadurch, dass der Denker die Gedanken erschafft, und die Gedanken den Denker erschaffen? Oder wie verstehe ich das Perpetuum mobile?

Die Gedanken beziehen sich auf einen Denker, der den Gedanken Realität verleiht und der vorgibt, die Gedanken zu überprüfen in ihrem Realitätsgehalt. Doch der Denker ist in Wahrheit auch ein Gedanke. Es ist ein geschlossener Kreislauf, der von der Wirklichkeit mehr oder weniger entkoppelt ist. Es war so, dass ich plötzlich sah: Es muss ja eine wahrheitsgebende Autorität geben, eine Prüfinstanz, die bestätigt, dass das wahr ist. In dem Moment zeigte sich, dass der angenommene Gott, der das bestätigte, selbst nur ein Gedanke war. Es war keine Autorität und keine Instanz außerhalb der geschlossenen Welt, die ich als Perpetuum Mobile beschreibe. Und Gott war nicht GOTT, sondern in Wirklichkeit selbst nur ein Gedanke – innerhalb des Systems.

Gedanken bestätigten Gedanken und sprachen sich gegenseitig Wahrheit zu. In dem Moment platzte das ganze System wie eine Seifenblase. Das ganze System ‚Ich', die gesamte geistige Welt, welche die Welt erschafft. Denn nichts, was du durch deine körperlichen Augen sehen kannst, ist so, wie du es ohne deinen Geist sehen würdest. Alles ist eine Projektion dieses Geistes. Wenn dieses System zu Ende kommt, wenn es platzt wie eine Seifenblase, dann tauchst du ein in den natürlichen Zustand der *Realität*, in ein stilles inneres Dasein.

Irgendetwas in mir kann verstehen, was das für eine Dimension hat. Ich bin da nicht, aber ich habe eine Ahnung. Es berührt mich sehr.

Ich möchte mich auf eine Antwort beziehen, die ich von Dir erhielt. Du sagtest, es gibt Gedanken, die stammen aus dem Reich der Ideen. Und es gibt Gedanken, die stammen aus dem Sein.

Nein, ich sagte, es gibt Gedanken, die entspringen einem persönlichen Denker. Und es gibt Gedanken aus dem unpersönlichen Reich der Ideen, welches eine Sphäre des Daseins ist. Das platonische Reich der Ideen ist eine Sphäre des Daseins. Wenn es keinen alles überlagernden persönlichen Denker mehr gibt, können Gedanken aus dem Reich der Ideen entspringen und ‚gelesen' werden. Der Mensch produziert dann keine Gedanken mehr in seinem persönlichen Geist, sondern er *liest* Gedanken.

Was hat das für Folgen, z.B. in einem Dialog mit Schülern?

Das kann bedeuten, dass ich selbst nicht weiß, was ich sage. Ich bin mir bewusst, was gesagt wird, aber ich

Es wird gesprochen. Es wird gehandelt. Manchmal bin ich selbst überrascht.

kann nicht sagen, was gleich gesagt werden wird. Weder denke ich, noch spreche ich. Es wird gesprochen. Es wird gehandelt. Manchmal bin ich selbst überrascht.

Wenn Du ausdrückst: Ich lebe in der Welt, bin aber nicht von dieser Welt. Was ist damit gemeint?

Es ist ein Zustand, der auch mit dem Adjektiv *unverwandt* beschrieben werden kann. Sich unverwandt in der Welt bewegen, in dem Erkennen, dass das Gesehene nicht die letzte Realität abbildet. Aus der Perspektive des SEINS spielt es nicht wirklich eine Rolle, ob die Welt erscheint oder nicht. Das bedeutet, ob ‚ich' als diese Form nun lebe oder tot bin, spielt nicht wirklich eine Rolle und verändert nicht das SEIN, das ICH BIN.

ॐ

APPENDIX

Weisheitslehre im Digitalen Zeitalter

Ist das verborgene Wissen der Befreiungslehren digital vermittelbar?

Interview mit OM C. Parkin

Während der Pandemie 2020/2021 mussten ja viele Veranstaltungen wie Darshan oder Retreats als online Angebote stattfinden. Du sprichst häufig davon, dass die Vermittlung der Weisheitslehre in der mündlichen Tradition stattfindet und meine Frage an Dich ist: Ist die Weisheitslehre digital vermittelbar?

OM: Nein.

Und warum nicht?

Weil die Weisheitslehre im Empfänger, also im Schüler, im Menschen, in jeder Zelle seines Wesens, auf jeder Ebene seines Daseins, vollendete Empfangsbereitschaft benötigt. Eine digital verflachte Beziehung kann einiges vermitteln, es geht hier nicht um eine schwarz- oder weiß-Haltung, aber sie kann auf gar keinen Fall die Weisheitslehre vollständig übermitteln. Die Weisheitslehre ist eine integrale Lehre im fundierten Sinne dessen, was der Begriff ‚integral' wirklich beinhaltet.

Wo stößt da die Digitalität an Grenzen, was ist nicht mehr integral vermittelbar?

Die körperliche Anwesenheit ist ja nicht nur eine Anwesenheit des Körpers. Wenn bestimmte Seinsebenen des menschlichen Wesens nicht anwesend sind, ist auch der *Große Kreislauf*[40], der zunächst die drei Gehirne des Menschen umfasst und dann darüber hinausgeht, nicht vollständig. Man könnte ihn als gestört bezeichnen. Das heißt, wenn eine dieser Ebenen nicht anwesend ist, ist der gesamte Kreislauf der Empfängnis gestört, der notwendig ist, um eine Lehre zu empfangen, die nicht nur für einzelne Teile des menschlichen Wesens bestimmt ist. Es gibt ja die – fehlgeleitete – Vorstellung der asketischen Lehren aus den Traditionen, dass dem Körper eine relativ geringe Wichtigkeit zukommt in der Empfängnis der Lehre. Das hat einen wahren Kern, aber wir sehen an diesem Punkt, dass es hier nicht nur um den Körper geht, sondern dass der Körper, also die grobstoffliche Ebene menschlichen Daseins, nicht getrennt und isoliert vom *Großen Kreislauf* betrachtet werden kann. In diesem *Großen Kreislauf* hat jede Ebene des Daseins eine Mittlerfunktion für die hierarchisch übergeordnete Ebene. Dieser Kreislauf besteht nicht aus festen, voneinander getrennten Entitäten, sondern kann als ein auf-und-absteigendes Fluidum beschrieben werden, welches sich verdichtet und lichtet in stetem Wandel. Der grobstoffliche Körper (Physis), der feinstoffliche Körper (Chi), der feinststoffliche Körper (Geist), sie befinden sich in ständigem Austausch, sie sind Eins. Der Körper ist somit ein fester Bestandteil ganzheitlicher Empfängnis und kann nicht einfach ausgeblendet werden, um sich auf ein reines Bild zu beziehen, so wie das in der digitalen Übertragung geschieht. Auch die fühlende Anwesenheit des feinstofflichen Körpers, sie ist eng an den Körper gebunden und sie entfaltet ihren ganzen Reichtum, das heißt auch die ihr eigene Intelligenz, nur in körperlicher Anwesenheit.

Wenn ich Dich richtig verstehe, hat es also auch mit dem Bewusstsein des Schülers zu tun. Wenn auf einer dieser drei Ebenen die Empfängnis der Weisheitslehre nicht verwirklicht und der Kreislauf gestört ist, braucht es die Unterstützung einer physischen Anwesenheit, um diesen Teil zu nähren und ins Bewusstsein zu holen, damit der Kreislauf geschlossen und die ganze Lehre empfangen werden kann.

Es braucht einfach vollständige Anwesenheit und vollständige Nähe. Wir müssen uns noch einen zweiten Aspekt vergegenwärtigen, nämlich dass die rein digitale Anwesenheit eines Schülers durchaus auch vom

Ego zur Verharmlosung, zur Einhaltung eines Sicherheitsabstandes, zum Rückzug auf eine harmlosere, distanziertere Position, genutzt werden kann. Es ist aus egoistischer Perspektive ungefährlich, zu Hause an der Tastatur zu sitzen, den Computer anzuschalten und sich dann in sicherer Distanz Konzepte der Weisheitslehre anzuhören, ohne sich diesem Feuer auszusetzen, das entfacht wird, wenn ein Schüler sehr nah an die Anwesenheit eines unpersönlichen Lehrers[41] gerät. Es ist eine Frage der Intensität des Feuers, und dieses Feuer kann tatsächlich zum Teil auch über die digitale Anwesenheit vermittelt werden. Genauso wie es übrigens auch über das Lesen eines Buches vermittelt werden kann. Aber eine der Aussagen, die ich wiederholt mache und die du mit Sicherheit schon von mir gehört hast, ist ja: Die innere Temperatur der Menschen ist zu niedrig. Das bedeutet, dass das innere Feuer zu schwach ist und Nahrung braucht. Und die Schwierigkeit der meisten Menschen besteht eigentlich darin, dass sie sich diesem Feuer zwar annähern, aber nicht konsequent und nicht radikal genug. Sie haben letztlich Angst vor dem Prozess inneren Verbrennens. Sie schrecken an einem bestimmten Punkt zurück. Dabei ist das Herzensfeuer nicht gewalttätig gegen die Seele, aber da jedes Ich im Grunde auf vielfältiger Ebene Ich und Seele verwechselt, kommt es zu diesem Gefühl der Bedrohung, das auf einer falschen Information beruht.

Um dieses Feuer zu entfachen, zu nähren und zu bewahren, braucht man als Mensch eben auch das menschliche Gegenüber. Ist das so? Zumindest solange, bis das Feuer von alleine glüht.

Nach dem Verständnis heilerischer Gesetzmäßigkeiten, die u.a. in der Lehre der Homöopathie weitergegeben werden, würde ich sagen, der Mensch braucht für seine Heilung das, was dem Menschen am ähnlichsten ist, also das *Similimum*[42] des Menschen; das heißt, sein höchstes Heilmittel kann nur der Mensch sein. Und der verwirklichte Mensch, das ist ein Mensch, der nicht vom Jenseits getrennt ist, der menschliches Leiden transzendiert hat, dieser verwirklichte Mensch ist das heilende *Similimum* für das Leiden des Menschen. Dies ist eine kurze Erläuterung des *Guru Prinzips* mit Begrifflichkeiten aus der Lehre der Homöopathie.

Mir kommt ein Bild von Jesus, Gottes Sohn, der als Mensch erschienen ist; genau das ist, glaube ich, das Bild, das Du beschreibst.

Tatsächlich lehrt die christliche Lehre das Heilgesetz der Homöopathie durch die Inkarnation des Sohnes Gottes als Heilmittel für das Leiden der Menschen.

Du hast eben auch das Buch angesprochen als Möglichkeit der Vermittlung der Lehre. Mir kommt es so vor, als ob aus der mündlichen Tradition in der Entwicklung der Menschen Dinge entstanden sind, wie eben zum Beispiel das Buch, und in den letzten Jahrzehnten die digitale Welt, die immer einen Schritt weiter weg gehen von der eigentlichen mündlichen Übertragung der Lehre.

Es sind indirekte Werkzeuge. Digitale Anwesenheit, genauso wie das Lesen eines Buches, sind indirekte Werkzeuge. Mündliche Übermittlung in der Schüler-Lehrer-Beziehung oder direkte Übermittlung durch den inneren Lehrer, das sind die direkten Werkzeuge, welche seit Jahrtausenden auf dem inneren Weg angewandt werden.

Man muss noch einen weiteren Aspekt betrachten, es ist ja die Frage, wer hört, wer sieht, wer liest: Handelt es sich um einen Schüler eines Meisters? Ist das ein ernstzunehmender Weggefährte des inneren Weges? Ein konsequent Praktizierender? Oder handelt es sich um einen Freizeitsucher und Hobbyspiritualisten, der, wenn es ihm seine wenige, freie Zeit einmal erlaubt, lediglich im Netz zweieinhalbminütige Youtube-Clips anschaut? Oder um einen Wissbegierigen, der sich durch das Lesen spiritueller Bücher lediglich konzeptuell mit Wissen aus zweiter Hand vollstopft, weil sein Ego „verstehen" will? Was sind die Absichten desjenigen, und was ist die Einbettung dieser Nutzung indirekter Werkzeuge in seinen inneren Weg, den Erfahrungsweg der direkten Werkzeuge? Es kommt letztlich ja alles auf die Reinheit der Absichten dieses Menschen an. Eine reife Seele auf dem inneren Weg erfährt immer noch die Beschränkungen des indirekten Werkzeuges. Aber durch die integrale Einbettung und die Nichtvermeidung des direkten Feuers hat es für sie dennoch eine andere Wirkung, eine andere Bedeutung, als für jemanden, der froh ist, dass er in Sicherheit in seinem Hinterzimmer zu Hause am Schreibtisch vor dem PC sitzt und das Ganze aus der Distanz heimlich betrachten kann, während er Kekse isst.

Unter Pseudonym ...

... ja, am besten mit Alias-Namen.

Es geht also im Wesentlichen um die Bewusstheit desjenigen, der hört, um die Absicht, die er dabei hat, und wie er mit den Mitteln, die ihm zur Verfügung gestellt werden, umgehen kann. Daraus stellt sich für mich die Frage, was ist aus Deiner Erfahrung wirklich vermittelbar, wie war die Resonanz mit den Menschen, die sich in den online-Darshan und im Retreat während der Pandemie zugeschaltet haben?

Es ist ein Unterschied, ob ich einen digitalen Kontakt mit einem Schüler habe, dem ich auch persönlich begegne, oder ob ich am anderen Ende der Skala einen digitalen Kontakt mit einem Menschen habe, der kein Schüler ist und der zudem die persönliche, nahe und integrale Begegnung meidet, weil er vom *System Angst*[43] gelehrt wird. Es spricht nichts gegen kleine Schritte der Annäherung an sich selbst, solange es sich überhaupt um eine Annäherung handelt und die Richtung gewahrt bleibt.

Wenn ich die Begrenzungen dieses Mediums nüchtern akzeptiere, dann weiß ich dennoch den Wert der Übertragung zu schätzen, allein die dankbaren Rückmeldungen von Menschen sprechen für sich. Es ist ja immer die Frage: Ist das Glas halb voll oder ist es halb leer?

Was ich höre ist, dass es in dem Moment, wo Du schon einmal im Kontakt warst mit einem Menschen, also das Resonanzfeld kennst oder die Resonanzfelder sich begegnet sind, viel leichter wird, dieses Feld, das wie abgespeichert ist, auch über das digitale Medium zu nutzen.

Das Prinzip des inneren Gurus ist bereits im Herzen verankert und es gibt ein nicht ausgesprochenes, tiefes inneres Verstehen, das nicht mehr in Worten ausgedrückt werden muss. Es ist ein Feld, das bereits existiert, während ein Nicht-Schüler des Weges, der die ersten Kontakte aufnimmt – je nachdem, wo dieser Mensch steht – noch sehr stark in seinem Verstand leben kann, bis hin zu einer mentalen Parallelwelt.

Es ist also möglich, dass dieser Samen durch das digitale Medium auch in jemanden gelegt wird, der Dich noch nicht kennt oder der noch keinen Kontakt zu einem Weisheitslehrer hat? Ich erinnere mich, ich habe damals ein Buch gelesen und das hat diesen Samen irgendwie wach gerüttelt in mir. So könnte, wenn jemand sich heutzutage ein Video im Netz anschaut, genau diese Sehnsucht plötzlich für einen Moment berührt werden und er könnte dadurch näher in Kontakt kommen und diesem Feuer nachgehen.

Ja, ich muss das eingestehen, auch wenn ich diese Worte mit einem Seufzer höre, denn das Anschauen bewegter Bilder kann nicht das Studium von Büchern der Weisheitslehre ersetzen. Die Digitalisierung im Informationszeitalter unterstützt die psycho-spirituelle Bequemlichkeit eines bewusstseinsverflachten Menschen, dessen Konsumhaltung die schnelle Verfügbarkeit spirituellen Wissens über Bilder nur vortäuscht. Profundes spirituelles Wissen, Herzwissen, welches durch direktes Studium auf dem Erfahrungsweg erworben wird, ist im Zeitalter der Digitalisierung nicht leichter zugänglich geworden. Ein Video, eine bildhafte Vermittlung, ist eine Vermittlung auf einer oberflächlicheren Ebene als die rein geistige Vermittlung der Lehre durch das geschriebene Wort in einem Buch, aber sie ist für viele ein Einstieg, oder auch eine wertvolle Ergänzung.

Diese rein geistige Vermittlung ist ja auch über das gelesene Wort im Internet möglich. Aber wenn ich Bezug nehme auf das, was Du vorhin sagtest, ist das Geistige im Großen

Kreislauf ja eben nicht getrennt von den niederen Ebenen, von der Körperlichkeit, vom Fühlen, vom menschlichen Feuer, das entfacht wird; was dafür spricht, im menschlichen Kontakt zu sein mit einem Lehrer, um überhaupt diese geistige Ebene erfassen zu können.

Vieles, was ein Mensch aus seiner Identität für „menschlich“ hält, ist aus Sicht der Weisheitslehre nicht „menschlich“, sondern „geistig“, und wir benötigen eine Unterscheidung. „Geistig“ versteht der einfache Mensch als eine unsichtbare Welt, die auf den Kopf bezogen ist. Frage einen Menschen: „Wo wohnt der Geist?“, er würde auf den Kopf deuten. Die Weisheitslehre lehrt jedoch, dass dieser „Geist“ mit seinen Konzepten alle Ebenen des Menschseins durchdringt. Er wohnt also keineswegs nur im Kopf, sondern in Kopf, Herz und Bauch. „Menschlich“ im natürlichen und vollkommenen Sinne ist ein Mensch aus Sicht der Weisheitslehre dann, wenn dieser denkende Geist nicht mehr Kopf, Herz und Bauch belagert und diese Ebenen des Menschseins in Freiheit, ihrer natürlichen Intelligenz gemäß, in ihrer *Soheit*[44] arbeiten. Der denkende Geist ist aus Sicht der Weisheitslehre nicht „menschlich“. Ist diese Unterscheidung erst einmal eingeführt und dieses grundlegende Verständnis vorhanden, so können wir unter „menschlich“ natürlich auch den inneren Abstieg aus einer abgeschnittenen, mentalen Welt in das fühlende Herz verstehen. Häufig herrscht der Glaube vor, es handele sich dabei um das Zulassen menschlicher Schwächen, aber in Wirklichkeit ist es keine menschliche „Schwäche", aus einer übermenschlichen, kalten, oder perfekten, durch das Über-Ich dominierten geistigen Welt in die Menschlichkeit abzusteigen. Dieser Abstieg ist evolutionär tatsächlich ein Aufstieg, denn er führt in eine ganzheitliche Stufe der Präsenz, in der die Erkenntniskraft erhöht ist.

Wenn wir aufwachen wollen aus dem Traumzustand, in dem wir leben, dann brauchen wir Unterscheidungskraft. Unterscheidung kann nicht auf einer rein geistigen Ebene erfahren werden. Unterscheidungskraft muss integral erfahren werden in Anwesenheit aller Körper des Menschen; nur so kann es eine vollständige Unterscheidungskraft geben. Es ist keine Kunst für einen halbwegs intelligenten, gebildeten Menschen unserer Zeit, Konzepte der Weisheitslehre geistig zu verstehen. Zumindest glaubt er, dass er sie versteht ...

Was unterscheidet sie denn von einer gedachten Lehre, die ich verstanden habe, von einer rein geistigen Lehre, also geistig im Sinne von „auf-den-denkenden-Geist-bezogen"?

Vielleicht müssen wir erst einmal sagen, was sie nicht ist, um uns der Frage anzunähern, was sie ist. Sie ist keine Lehre, die von weisen Menschen erdacht worden ist. Das könnte die Annahme vieler Menschen sein, die glauben, sie könnten sich dieser Lehre intellektuell annähern.

Willst Du sagen, die Weisheitslehre entspringt nicht menschlichem Denken?

Es ist eine Lehre <u>für</u> die Menschen, und sie kann von der Intelligenz empfangen werden, wie sie dem Menschen innewohnt. Ich kann einem aufgeklärten Menschen, der die Auffassung vertritt, der mündige Verstand sei die höchste Intelligenzstufe, einem intellektuellen Menschen, einem Naturwissenschaftler, einem theoretischen Philosophen nicht vermitteln, dass diese Lehre schon existierte, bevor es einen menschlichen Geist gab, der sie empfangen konnte. In dem Augenblick, in dem ein Mensch in Kontemplation den Denker erkennt, entdeckt er, dass er lediglich die Möglichkeit hat, eine bereits bestehende Ordnung des Kosmos zu beschreiben, jedoch ist er nicht einmal der Schöpfer dieser Gedankenformen. Wenn wir annehmen, dass es eine Lehre gibt, die in einer „ewigen Schriftenrolle“ bereits geschrieben steht, dann kann diese Buchrolle von bestimmten Menschen gelesen werden, aber nicht von der Masse. Es braucht eine vollkommene Entleerung im Bewusstsein eines Menschen, damit diese Buchrolle gelesen werden kann. Man könnte auch sagen, es braucht eine konzeptuelle Entvölkerung des inneren Raumes eines Menschen. Der innere Raum eines Menschen ist bevölkert durch eigene Kreationen, eigene Welten, eigene Gedanken, eigene Ideen – durch eine „eigene Weisheitslehre“, könnte ich mit leichter Ironie sagen. Jeder Mensch hat seine eigene Lehre über das

Ich, über die Welt, über die Realität, über das, was real ist und was nicht, und so lange er diese eigene Welt hat, die sich in drei Buchstaben (I-C-H) akkumuliert, ist er nicht wirklich in der Lage, diese Lehre zu empfangen. Das heißt, die Weisheitslehre ist nicht für den Verstand, aber der Verstand ist in der Lage, sich die Weisheitslehre konzeptuell anzueignen, nur um dann zu glauben, er hätte sie erdacht. Diesen Vorgang nennt man verharmlosend „verstehen".

Eine letzte Frage: Nach all dem, was Du sagtest, scheint es unmöglich, einen wahren Weisheitslehrer im Internet zu finden?

Für die letzte Gewissheit braucht es die persönliche, d.h. vollständige Begegnung, welche dem Suchenden das gesamte Potenzial seiner Wahrnehmung zur Verfügung stellt. Selbst unter diesen Voraussetzungen können wir jedoch nicht davon ausgehen, dass ein Suchender mit absoluter Sicherheit sagen kann, ob es sich um einen unpersönlichen Lehrer handelt. Er braucht dann einen Vertrauensvorschuss.

Nehmen wir an, ein Lehrer, den ich nicht kenne, kommt zu mir, setzt sich zu mir, und wir sind in absoluter Präsenz, in jeder Zelle unseres Wesens gemeinsam anwesend, dann erkennt sich das SELBST gegenseitig, wenn der Geist vollkommen entleert ist. Ist aber in der einen Form der Raum nicht vollständig entleert, sondern weiterhin bevölkert von konzeptueller

Weisheitslehre, vielleicht durchmischt mit herzöffnenden Erfahrungen, so gibt die absolute Präsenz, welche auch den Körper einbezieht, das preis. Über das Lesen eines Buches dieses Lehrers oder über die Betrachtung eines Videos ist diese Erfahrbarkeit begrenzt. Bilder wie auch Worte können dich täuschen, ganz gleich, wie schön oder wahr sie auch erscheinen mögen. Letztlich braucht es diese vollständige Anwesenheit auf jeder Ebene des Daseins, und die ist in der digitalen Welt nicht vorhanden.

ॐ

Anmerkungen

1 **sattvisches Vergessen:** *sattva* bezeichnet in der indischen Philosophie die höchste und reinste der drei *gunas*, der Grundeigenschaften, aus denen sich die Strukturen aller Objekte der Erscheinungswelt zusammensetzen. Im menschlichen Geist zeigt sich *sattva* z.B. als Ruhe, Frieden, Gelassenheit, ‚aus der Quelle schöpfend'. *Sattvisches* Vergessen beschreibt eine augenblickliche, bewusste Form des Loslassens, der inneren Entleerung von jedem Konzept, das geistig in Besitz genommen wurde.

2 **tamasisches Vergessen:** *tamas* bezeichnet in der indischen Philosophie die niederste und unreinste der drei *gunas*, der Grundeigenschaften, aus denen sich die Strukturen aller Objekte der Erscheinungswelt zusammensetzen. Im menschlichen Geist zeigt sich *tamas* z.B. als Trägheit, Dumpfheit, Unwissenheit und Abwesenheit von Unterscheidungsvermögen. *Tamasisches* Vergessen beschreibt die geläufige Form des Vergessens als einen unbewussten Akt geistigen Verlustes.

3 **OM C. Parkin**, *Intelligenz des Erwachens – Die spirituelle Neugeburt des Menschen*, advaitaMedia 2010

4 **Aldous Huxley** (1894-1963). Sein bekanntestes Werk ist der 1932 erschienene Roman ‚Brave New World', dt. *Schöne neue Welt*. 1946 erschien ‚*The Perennial Philosophy*', dt. ‚*Die ewige Philosophie*', Freiburg/B. 2008.

5 **Adi Shankara** (um 800 n.Chr.) ist ein bis heute aktueller religiöser Lehrer und Philosoph des Hinduismus. Er systematisierte die Philosophie des Advaita Vedanta. Eines seiner wichtigsten Werke heißt *Viveka Chudamani* (Kleinod der Unterscheidung). Mit Unterscheidung meint Shankara die Unterscheidung zwischen Wirklichkeit und Nicht-Wirklichkeit. Die äußere Welt mit ihren Erscheinungen bezeichnet Shankara als Illusion.

6 **Elisabeth Kübler-Ross** (1926-2004) war eine schweizerisch-US-amerikanische Psychiaterin. Sie befasste sich mit dem Tod und dem Umgang mit Sterbenden, mit Trauer und Trauerarbeit sowie mit Nahtoderfahrungen und ist eine der Begründerinnen der modernen Sterbeforschung.

7 **Nisargadatta Maharaj** (1897-1981) war zunächst ein Zigarettenverkäufer in Bombay (heute Mumbai), ehe er vom Drang nach Erkenntnis des ewigen Seins, der Wirklichkeit erfasst wurde. Von vielen Menschen wurde er als Erleuchteter und Meister der Spiritualität geschätzt. Seine Lehre basiert auf dem Advaita Vedanta. Nisargadatta betont, Erleuchtung bestehe darin, das Anhaften an das Unwirkliche zu überwinden und so der Wirklichkeit ihren Platz zu geben. Seine mündlichen Belehrungen wurden von Schülern aufgezeichnet und publiziert, z.B. von Ramesh Balsekar. (s. dazu auch Anm. 8)

8 **Ramesh Balsekar** (1917-2009) ist ein indischer Mystiker. Er war Schüler des Advaita-Lehrers Sri Nisargadatta Maharaj und wirkte als realisierter/erwachter Advaita-Lehrer. (s. Anm. 7)

9 **H.W.L. Poonja** (1910-1997), von seinen Schülern liebevoll ‚**Papaji**' genannt, begegnete 1944 Ramana Maharshi (s. Anm. 10), bei dem er Erleuchtung erlangte. Über Jahrzehnte lebte und arbeitete er in relativer Unbekanntheit, bis er in den 80er Jahren begann, Menschen in seinem Haus in Lucknow/Nordindien zum Satsang zu empfangen. Die gesamte westliche Satsang-Bewegung geht im Wesentlichen auf H.W.L. Poonja zurück. Zu seinen bekanntesten Schülern gehören Gangaji, OM C. Parkin und Eli Jackson-Bear. Bei advaitaMedia erschienen: David Godman, *Papaji – Nichts ist jemals geschehen*, Biographie Bd. I, 2015, Bd. II, 2017 und Bd. III, 2019.

10 **Ramana Maharshi** (1879-1950), der Weise vom Berg Arunachala, lebte über Jahre schweigend in einer Höhle am Fuße des Berges Arunachala. Später leitete er dort einen Ashram. Er war der wirkmächtigste Vertreter des Advaita-Vedanta des 20. Jahrhunderts und empfahl Ratsuchenden, die nach einer Übung fragten, die Methode Atma Vichara, die Ergründung des Selbst auf Grundlage der Frage: „Wer bin ich?". (s. Anm. 11)

11 **Nan Yar?** *Wer bin ich? Who Am I?* – „Wer bin ich?" ist der Titel einer Reihe von Fragen und Antworten, die sich mit dem Thema Selbsterforschung befassen. Die Fragen wurden Sri Ramana Maharshi von einem Schüler gestellt, der ihn im Jahre 1902 in einer Höhle am Berg Arunachala in Südindien aufsuchte und um spirituelle Führung bat. Es ist überliefert, dass Ramana Maharshi diese Fragen in der ihm geläufigen Sprache Tamil beantwortete. Dieser Text wurde 1923 zunächst in Tamil herausgegeben, erfuhr mehrere Überarbeitungen, wurde 1982 von einem indischen Gelehrten der Universität Madras ins Englische übersetzt und 2002 schließlich in eine moderne deutsche Fassung übertragen. Wegen der Schönheit und Kraft des englischen Textes wurde er in unserer Ausgabe neben die deutsche Übersetzung gestellt, so dass der Text zweisprachig wiedergegeben wird. Dieses Werk gehört zu den beiden einzigen Prosastücken unter Ramana Maharshis Mitteilungen in eigenen Worten. Sie vertreten klar die zentrale Lehre, dass Selbsterforschung der direkte Weg zur Befreiung ist. Die besondere Art und Weise, in der die Erforschung durchgeführt werden sollte, wird in „Nan Yar?" einleuchtend dargelegt. „Nan Yar?" erschien als zweisprachige Ausgabe (Deutsch-Englisch) bei advaitaMedia 2003

12 **Sei, was du bist!** Ramana Maharshi, *Sei, was du bist!* – Die wichtigsten Lehren des großen indischen Weisen, O.W. Barth, 9. Aufl. 2010. Dieses Buch ist ein Kompendium der wichtigsten Lehren und Unterweisungen des großen indischen Weisheitslehrers Sri Ramana Maharshi, der nach einhelligem Urteil der Kenner östlicher Weisheit der bedeutendste indische Heilige der Neuzeit war. Ramana erreichte eine Tiefe der religiösen Erfahrung und der Einsicht, die alle religiösen Bekenntnisse und philosophischen Systeme transzendiert. Seine Aussagen über das wahre Wesen von Ich, Welt und Gott und über den Pfad der Selbstergründung, der zur Befreiung führt, sind für alle Menschen von unschätzbarem Wert, die

einen Weg geistiger Schulung suchen oder gehen, ganz gleich, welchen religiösen oder kulturellen Hintergrund sie haben. David Godman, der Bibliothekar des Ramana Maharshi Ashram, hat die wichtigsten Lehren Ramanas aus dem umfangreichen Schrifttum zusammengetragen.

13 **Shiva** (Sanskrit: ‚Glückverheißender') ist einer der wichtigsten Götter des Hinduismus. Im Shivaismus gilt er den Gläubigen als die wichtigste Manifestation des Höchsten. Als Bestandteil der ‚hinduistischen Trinität' (Trimurti) mit den drei Aspekten des Göttlichen, also mit Brahma, der als Schöpfer gilt, und Vishnu, dem Bewahrer, verkörpert Shiva das Prinzip der Zerstörung. Außerhalb dieser Trinität verkörpert er aber alles: Schöpfung und Neubeginn ebenso wie Erhaltung und Zerstörung.

14 **Das Enneagramm:** Eine esoterische Kosmologie, welche grundlegende Gesetzmäßigkeiten des Kosmos beschreibt: *Das Gesetz der Drei* (im Christentum die Heilige Dreifaltigkeit) als das Prinzip, aus dem der Kosmos aufgebaut ist und *Das Gesetz der Sieben* als das Schöpfungsprinzip, in dem diese Dreiheit sich entfaltet und kommuniziert. Diese beiden Gesetzmäßigkeiten sind im Symbol des Enneagramms dargestellt. Anwendung findet das *Enneagramm der Charakterfixierungen*, um Strukturen und Realitätsverluste des menschlichen Geistes sichtbar zu machen. *Subjektive Enneagramme* (wie das Enneagramm der Leidenschaften oder das Enneagramm der Abwehrstrukturen) beschreiben Realitätsverluste persönlicher Welten, während *objektive Enneagramme* die Realität beschreiben, wie sie IST. Zu den objektiven Enneagrammen zählt auch das Enneagramm der *Heiligen Ideen.*

15 **Ken Wilber** (*1949) ist ein US-amerikanischer Autor im Bereich der Integralen Theorie, der vor allem über Psychologie, Philosophie, Mystik und Spirituelle Evolution schreibt. Im Jahr 1998 gründete er das Integral Institute. Ken Wilber befasst sich mit der möglichen Zusammenführung von Philosophie, Wissenschaft und Religion, den Erfahrungen der Mystiker und der Meditation im Einklang mit der modernen Forschung. Er wird als Protagonist des Integralen Denkens und als Vertreter einer postmodernen, postmetaphysischen und postrationalen Spiritualität gesehen. Seine integrale Philosophie orientiert sich an fernöstlichen Weisheitstraditionen des Nicht-Dualismus und entwickelt diese weiter.

16 **Aurobindo** Ghose (1872-1950 in Pondicherry) war ein indischer Politiker, Philosoph, Hindu-Mystiker, Yogi und Guru. Seine Briefe, Gedichte und philosophischen Schriften sind mit Sri Aurobindo unterschrieben und unter diesem Namen veröffentlicht. Er verbindet in seiner Person die humanistische Bildung und das Wissen des Westens mit den Weisheitslehren und spirituellen Traditionen Indiens. In Pondicherry entwickelte er den ‚Integralen Yoga' (Integral = umfassend; Yoga = Bewusstseinsentwicklung) im Sinne einer modernen, zukunftsweisenden, umfassenden Bewusstseinsentwicklung. Hauptwerk: *Das göttliche Leben*, 3 Bände, Erstes Buch: Die allgegenwärtige Wirklichkeit und das Universum; Zweites Buch: Das Wissen und die Unwissenheit. Die spirituelle Evolution. 1. Teil: Das unendliche Bewusstsein und die Unwissenheit. 2. Teil: Das Wissen und die spirituelle Evolution. Verlag Hinder+Deelmann, o.J.

17 **Swami Sivananda** Saraswati (1887-1963), bekannter Yoga-Meister und Lehrer des Vedanta. Swami ist ein hinduistischer Ehrentitel und bedeutet ,Meister'. Nach jahrelanger Tätigkeit als Arzt in Malaya (Malaysia) widmete er sein Leben dem Yoga und dessen Verbreitung. Sivananda lehrte den ,Yoga der Synthese', der Hatha Yoga und Raja Yoga, Jnana Yoga, Karma Yoga und Bhakti Yoga vereint. Seine zahlreichen Schriften wie auch das Praktizieren des Sivananda-Yoga sind heute weit verbreitet.

18 **Pranayama** (Sanskrit): Atemübungen

19 **Papaji** s. Anm. 9

20 **Zentatsu Richard Baker** (*1936) ist als amerikanischer Soto-Zen-Meister (= Roshi) der amerikanische Dharma-Nachfolger von Shunryu Suzuki, dem Autor von „Zen-Geist – Anfängergeist". Baker war Abt des San Francisco Zen Center bis 1984, einem der erfolgreichsten Zen-Institutionen in den Vereinigten Staaten. Lehrt auch in Deutschland.

21 Der Begriff **Wu wei** stammt aus dem Taoismus, erstmals wird er im Tao-Te-King von Laotse erwähnt. Er wird definiert als Nichthandeln im Sinne von ,Enthaltung eines gegen die Natur gerichteten Handelns'.

22 **OM C. Parkin**, *Intelligenz des Erwachens*, s. Anm. 3

23 **tamasisch** – s. Anm. 2

24 **Ramana Maharshi** s. Anm. 10

25 **Sadhana** (Sanskrit), sādhana, von der Wurzel ,sadh', geradewegs auf ein Ziel zugehen, erfolgreich sein) bezeichnet eine spirituelle Disziplin, die unternommen wird, um ein bestimmtes geistiges Ziel zu erreichen. Eins dieser Ziele kann sein, Erleuchtung zu erlangen. Sadhana im Hinduismus: Der Sadhana beinhaltet regelmäßige Übungen wie Meditationen, das Singen von Bhajans, das Rezitieren von Mantras, die Verehrung von Gottheiten durch Puja und verlangt insgesamt das Einnehmen einer besonderen Geisteshaltung, um zu seinem Ziel zu gelangen. Im Hinduismus ist es traditionell ein Guru, der den Schüler auf dem Pfad des Sadhana führt. Regelmäßige Übungen wie Asana, Pranayama, Dhyana, Japa, Karma-Yoga und regelmäßige Lektüre inspirierender Schriften sind nach der Lehre der meisten Yoga-Meister notwendig um das Ziel der Gottverwirklichung zu erreichen.

26 **Ken Wilber**, *Das Atman Projekt – Der Mensch in transpersonaler Sicht*, Paderborn 2001, S. 50

27 **sattvisch** – s. Anm. 1

28 **Thorwald Dethlefsen** (1946-2010) war ein deutscher Diplompsychologe und Esoteriker, der sich mit psychotherapeutischen Methoden beschäftigte. Seine wichtigsten Bücher im Kontext unserer Thematik: *Schicksal als Chance. Esoterische Psychologie, das Urwissen zur Vollkommenheit des*

Menschen. Bertelsmann, München 1979 und *Krankheit als Weg. Deutung und Be-deutung der Krankheitsbilder* (mit Rüdiger Dahlke). Bertelsmann, München 1983; Goldmann, München 1998.

29 **Grünes Mem:** Das Modell *Spiral Dynamics* von Dr. Don Beck beschreibt universell gültige Evolutionsstufen des menschlichen Bewusstseins. Die einzelnen Stufen werden als *Meme* (v. *griech. Mnem* Gedächtnis; Erinnerung) bezeichnet.

30 **Verfrühte Ansprüche auf Erleuchtung, In**terview mit OM C. Parkin, erschienen im ‚Born to be.-Newsletter', Februar 2014

31 **Enneagramm** s. Anm. 14

32 **OM C. Parkin**, *Die Geburt des Löwen – Dialoge zur Selbsterforschung,* Lüchow, 3. Aufl. 2001

33 **Carlos Castaneda** (1925-1998) war ein US-amerikanischer Anthropologe und Schriftsteller brasilianischer und peruanischer Abstammung. In den 1970er und -80er Jahren erlangten seine Bücher internationale Popularität. Darin berichtete er, dass er im Rahmen seiner Studien über die Indianer Mexikos und deren Gebrauch von Heilkräutern und *Heiligen Kakteen* (Peyote) einen Yaqui-Indianer namens ‚Don Juan Matus' kennengelernt habe und von ihm eine Sichtweise von Wirklichkeit (*separate reality*) mit Hilfe bewusstseinserweiternder natürlicher Drogen gelernt habe, die seinen bisherigen wissenschaftlichen und religiösen Welterklärungsmodellen widersprach.

Das Prinzip des *Montagepunktes* (Orig. *Assemblage Point*) bildet den zentralen Aspekt der Lehre Don Juans. Der Beschreibung der Zauberer nach leben alle Lebewesen in einer Energieblase, einem ‚Kokon'. Dieser umgibt uns Menschen und stellt die Begrenzung unseres Wesens dar. In diesem ‚Kokon' befindet sich, eine halbe Armeslänge hinter den Schulterblättern, der sogenannte *Montagepunkt*, der die Größe eines Tennisballs hat. Das Universum besteht nach den Lehren Castanedas aus unendlich vielen Energiefäden, die sich, jeder für sich, ihrer selbst bewusst sind. Der *Montagepunkt* bündelt alle Energiefasern, die durch ihn hindurchgehen. Da jede Faser Informationen über die Welt beinhaltet, findet durch die Bündelung Wahrnehmung statt. Das heißt, die Lebewesen nehmen wahr, weil die Energiefasern des Universums im jeweiligen *Montagepunkt* gebündelt werden. Da sich der *Montagepunkt* aller Menschen nahezu an (fast) derselben Stelle befindet, nehmen alle Menschen auch dieselbe Welt wahr, nämlich unsere Alltagswelt, d. h. eine Welt von festen Objekten. Nach Castaneda ist es aber möglich, diesen *Montagepunkt* zu verschieben, was bedeutet, dass andere Energiefasern durch ihn hindurchgehen, somit ändert sich nun die Wahrnehmung des betreffenden Menschen. Das Ziel der Zauberer ist es, den *Montagepunkt* an eine Stelle zu verschieben, an der die Wahrnehmung von Energie als Energie möglich wird, also eine Interpretation zum festen Objekt unterbleibt und der Fluss der reinen Energie wahrgenommen wird. Eine Verschiebung des *Montagepunktes* müsse willentlich ‚beabsichtigt' werden, die wichtigste Disziplin dazu ist das

‚Anhalten des inneren Dialogs', welches u. a. auch durch die Einnahme psychotroper Substanzen erreicht werden kann, aber auch durch Hunger, starke Erschöpfung, extremen Stress oder z. B. Kriegserlebnisse. Der wichtigste Gedanke zum *Montagepunkt* ist, dass die Welt, die der normale Mensch wahrnimmt, nur eine von vielen hunderten ist. Zitiert aus: *Reise nach Ixtlan. Die Lehre des Don Juan.* Fischer, Frankfurt am Main 1976.

34 **Introjektion** im Sinne von das Gewahrsein nach innen richten, um etwas bewusst als mir Innewohnendes zu erkennen, im Gegensatz zur Projektion: (Inneres) nach außen werfen. Im psychoanalytischen Verständnis ist Introjektion dagegen ein Abwehrmechanismus: sich unbewusst Äußeres zu eigen (zu Innerem) machen.

35 **Eli Jaxon-Bear** wurde 1947 unter dem Namen Elliot Jay Zeldow in Brooklyn, New York geboren. Sein achtzehnjähriger spiritueller Weg begann 1971, als er in der Zeit des Vietnamkrieges vor dem FBI auf der Flucht war. 1978 übertrug ihm Kalu Rinpoche die Leitung seines Dharma-Zentrums in Marin County in Kalifornien. 1982 wurde ihm im Chosho-ji Zen Tempel in Japan ein Zen Lehrfächer überreicht. Sein Weg und seine Suche endeten, als er nach Indien reiste und dort seinem letzten Lehrer begegnete, Sri H.W.L. Poonja (s. Anm. 9). Eli lebt mit seiner Ehefrau, Gangaji (s. Anm. 20), in Ashland, Oregon. Er trifft derzeit Menschen in der ganzen Welt und lehrt über die Leela Foundation, eine Organisation, die der Unterstützung des Weltfriedens und der Freiheit durch universelle Selbsterkenntnis gewidmet ist.

36 **Ken Wilber** s. Anm. 15

37 **Irina Tweedie** (1907-1999) war eine russisch-englische Sufilehrerin. Die gebürtige Russin unternimmt aufgrund ihres Interesses an der Theosophie im Jahr 1959 eine Reise nach Indien und trifft dort auf den hinduistischen Sufimeister Bhai Sahib aus der *Naqschbandiyya-Mudschaddidiyya-Sufi-Linie* (Nebenlinie der Naqschbandi-Tariqa). Sie wird seine Schülerin. Er fordert sie auf, ein Tagebuch ihrer spirituellen Schulung zu schreiben, das sie 1986 auf Englisch veröffentlicht, dt. *Der Weg durchs Feuer - Tagebuch einer spirituellen Schulung durch einen Sufi-Meister*, Ansata-Verlag Interlaken, 3. Aufl., 1992. Nach dem Tod des Sheikh im Jahr 1966 ging Irina Tweedie für acht Monate in den Himalaya und zog 1967 nach London. Dort wirkte sie bis zu ihrem Tod im Jahr 1999 als Lehrerin und Begleiterin vieler westlicher Suchender (beispielsweise von Llewellyn Vaughan-Lee oder Annette Kaiser). In England, Deutschland und der Schweiz hielt sie zahlreiche Vorträge und Seminare und wies ihre Schüler in die stille Meditation des Herzens und die spirituelle Traumarbeit ein.

38 **Gangaji** (*1942) ist eine spirituelle Lehrerin und Buchautorin. 1972 zog Gangaji mit der Absicht nach San Francisco, tiefere Ebenen ihres Seins zu erforschen. Sie legte das Bodhisattva-Gelübde ab, praktizierte Zen und Vipassana-Meditation. 1990 traf sie in Indien H.W.L. Poonja (s. Anm. 9) und erfuhr nach der Begegnung eigenen Angaben zufolge spirituelle Erleuchtung, woraufhin er sie als Lehrerin in den Westen sandte. Sie

gilt seither als eine der bekanntesten westlichen Vertreterinnen seiner Advaita-Lehre. Ihr Schüler OM C. Parkin gelangte über sie zu Papaji (H.W.L. Poonja, s.o.). Gangaji ist mit Eli Jaxon-Bear (s. Anm. 17) verheiratet. Beide kommen regelmäßig für Seminare und Retreats nach Deutschland und in die Schweiz.

39 **Ramesh Balsekar** s. Anm. 8

40 **Großer Kreislauf:** „Die natürliche, die organismische Organisationsform der drei Gehirne kann auch als „Dreiklang in Einklang" beschrieben werden. Dies ist ein Zustand, in dem jedes der drei Intelligenzzentren autark und gleichzeitig eingebunden in den *Großen Kreislauf* arbeitet. Wahrnehmung, die tatsächlich Wahr-nehmung ist, ist nur in diesem Zustand möglich." Aus: OM C. Parkin; Intelligenz des Erwachens; 2.Auflage; S.185

41 Zur Unterscheidung zwischen persönlichen und unpersönlichen Lehrern s. auch: OM C. Parkin; Spirituelle Meisterschaft; 3. Kapitel: Von Lehrern und Meistern, ab S.81

42 **Similimum** ist ein Kernbegriff der klassischen Homöopathie. Auf dem Hintergrund der dort gültigen These <similia similibus curantur>, also etwa „Ähnliches werde mit Ähnlichem geheilt", gehört es zur homöopathischen Medikation, dass ein bestimmtes Medikament, das einer gesunden Person verabreicht wird, ähnliche Symptome erzeugt, wie es das fragliche Leiden zeigt.

43 **System Angst** ist ein von OM C. Parkin im Buch *Angst - Die Flucht aus der Wirklichkeit* eingeführter Begriff, der beschreibt, dass „Angst" im gewöhnlichen Menschen kein Gefühl ist, sondern ein geschlossenes geistig-emotionales System, welches durch Angstabwehr aufrechterhalten wird. „Überall sind Sicherheitsnetze mit doppeltem Boden ausgelegt. Versagt eine Schicht, greift sofort die nächste. Das Angstsystem des denkenden Geistes ist ein System, welches in Kompensationen lebt. Die Falle nennt sich „Sicherheit", die Kompensation für Angst." Aus: OM C. Parkin; Angst – Die Flucht vor der Wirklichkeit; S. 58

44 **Soheit** ist ein aus dem Zen-Buddhismus stammender Begriff, welcher auf die unentdeckte Wesenheit der Dinge hindeutet, die vom Verstand nicht durch Erklärungen gefunden werden kann. „No why, no because, only that which Buddhists call Suchness *(dt. Soheit)*. When no further explanation is possible, the fear of failure often prevents admission *(dt. Zugang, Zutritt)* of a simple truth: That´s just the way it is." Aus: Kenneth Kraft; ZEN; p. 73. OMs Kommentar: „Kenneth Kraft umschreibt in der Zenkunst der Schlichtheit die *Soheit*, sowie das geistige Hindernis, welches Menschen daran hindert, *Soheit* zu erkennen, vermeidet jedoch in diesem Zitat, das Hindernis radikal beim Namen zu nennen. Nicht die Angst zu versagen, hindert sie, sondern tieferliegend die Angst vor dem Tod. Der Satz müsste also lauten: „Wenn keine weitere Erklärung mehr möglich ist, dann verhindert die Angst vor dem Tod häufig den Zugang zu einer einfachen Wahrheit: So ist es einfach."

Der Autor

OM C. Parkin

Weiheitslehrer, Mystiker, innerer Wissenschaftler, Begründer und Leiter einer internationalen Schule für Innere Arbeit

Er ist ein Mensch, der den Erwachensweg bereits gegangen ist, ein Weiser, der die Pfade zu letzter Erkenntnis und auch die Sackgassen kennt – ein spiritueller Meister. Er lehrt, den inneren Lehrer zu entdecken und zu hören, und begleitet interessierte Menschen bei ihren

Schritten auf dem Weg zum eigentlichen Wesenskern, dem SELBST. Er gibt seine Erkenntnis des Absoluten und die Präsenz des stillen Geistes in Form von Darshan weiter, in denen er auch Fragen beantwortet.

Er studierte Psychologie, brach das Studium aber nach drei Jahren ab, da es ihm keine wirklichen Einsichten über die Natur des Menschen vermittelte und weil ihm das Zusammensein mit seinem Sufilehrer fruchtbarer erschien. Später lernte er in der mündlichen Tradition die Lehren des Enneagramms. Im Jahre 1990 erlitt er mit 27 Jahren einen schweren Autounfall, überschritt die Schwelle des Todes und erwachte ichlos zu neuem Leben. Kurz danach begegnete er seiner spirituellen Lehrerin Gangaji, die ihm half, seine Wandlung, die die alltägliche Erfahrungswelt sprengte, zu verarbeiten. Sie schickte ihn zu ihrem advaita-Lehrer H. W. L. Poonja, einem direkten Schüler von Ramana Maharshi, der ihm den spirituellen Namen OM gab.

OM C. Parkin lehrt seither in Wort und Schrift, indem er in spirituellen Veranstaltungen (Darshan, Retreats und Vorträgen) Menschen bei ihrer Suche nach Wahrheit und Selbsterkenntnis begleitet. Er hat in den 90er Jahren die erste größere deutschsprachige *Mysterienschule* der Jetztzeit ins Leben gerufen, deren Sitz seit 2010 das moderne *Kloster Gut Saunstorf – Ort der Stille* ist. 2019 initiierte er die gemeinnützige *OM-Stiftung Innere Wissenschaft.* Zudem ist OM C. Parkin Autor einer Vielzahl von Büchern, Schriften und Artikeln.

OM C. Parkins spirituelle Lehre, von ihm auch als Innere Wissenschaft bezeichnet, gründet sich einerseits auf die östliche advaita-Tradition (Lehre der Nicht-Dualität, bekanntester Vertreter im Westen ist Ramana Maharshi), fußt andererseits auch auf westlichen Erfahrungswegen (z.B. Christliche Mystik, Georges I. Gurdjieff: Der Vierte Weg) und auf modernen psychologisch-psychotherapeutischen Methoden. Ziel ist Selbsterkenntnis durch Innere Arbeit, die letztlich in die Erkenntnis der wahren Natur des Menschen mündet.

OM C. Parkin: „*Im innersten Herzen der Religionen des Ostens (advaita, zen u.a.) finden wir die reifsten Früchte der Philosophie des SEINS. Das Mysterium der Auflösung der Welt. Die spirituelle Kultur des Westens hat das Wissen über die Evolution des Bewußtseins hervorgebracht, die Philosophie des Werdens. Die höchste Lehre ist die Vereinigungslehre, welche die Pfade der Liebe und der Wahrheit vereint (kleine Hochzeit) und das SEIN mit dem Werden (Große Hochzeit). So vereinigt sich in höchster Erkenntnis das, was niemals getrennt war.*“

www.om-c-parkin.de

Siehe auch:
www.innere-schule.de
www.om-science.com
www.kloster-saunstorf.de

OM C. Parkin
Intelligenz des Erwachens
Die spirituelle Neugeburt des Menschen

advaitaMedia,
Hardcover, 544 Seiten
ISBN: 978-3936718-19-5

Intelligenz des Erwachens

Die spirituelle Neugeburt des Menschen

OM C. Parkin ist ein in Deutschland lebender spiritueller Meister, der die östliche Lehre der Nicht-Zweiheit mit westlicher Tiefenpsychologie und Elementen von Gurdjieffs Viertem Weg verbindet. Er steht für eine Spiritualität, die alle Aspekte des Menschseins integriert, und den Menschen dadurch bereit macht, die Frage „Wer bin ich?" zu stellen.

Intelligenz des Erwachens ist ein Lehrbuch zur Erkenntnis des SELBST durch das Gehen des inneren Weges und das Studium der ewigen Philosophie. OM C. Parkin erläutert darin die Grundlagen des Befreiungsweges, den ein verinnerlichter Mensch jenseits konfessioneller Bindung in diesem Leben gehen kann, um das Wissen um seine wahre Natur zu erlangen. In vier Kapiteln werden die Grundpfeiler dieses Pfades, das Studium des Geistes, das Verständnis des Leidens, des inneren Weges selbst und der Lehrer des Weges, ausführlich dargestellt.

„Dieses Buch beantwortet Fragen, die viele spirituelle Sucher sich stellen; es sind auch meine Fragen. Ich bin aufgerufen, mit offenem Herzen und offenem Geist diesen genialen Ausführungen zu folgen – dann öffnen sich Türen und ich sehe: Es geht um mich! Mein Forschergeist, meine Neugier, mein Wunsch zu verstehen werden belohnt. Dieses Buch ist von einzigartiger Kraft, die im tiefsten Inneren einen Eindruck hinterläßt. Ich halte etwas Kostbares in meinen Händen." (C.W. – eine Leserin)

advaita media

www.advaitamedia.com

OM C. Parkin
Spirituelle Meisterschaft
Lehrer und Schüler auf dem inneren Weg

advaitaMedia
Hardcover, 361 Seiten
ISBN: 978-3-936718-55-3

Spirituelle Meisterschaft

Lehrer und Schüler auf dem inneren Weg

Der Autor bietet tiefgründige Anleitung für den ernsthaft interessierten Menschen des spirituellen Weges an. Präzise und mit unbestechlicher Unterscheidungskraft beschreibt er unter anderem die kollektiven ‚Löcher' in der Entwicklung des abendländischen Bewusstseins und mit welch gravierenden Missverständnissen ein Suchender deshalb zu rechnen hat. Missverständnisse und Unwissenheit darüber, was ein spiritueller Meister überhaupt ist (existiert in unserer Kultur praktisch nicht), darüber, wie die Natur des inneren Weges beschaffen ist und darüber, was unter ‚wahrem Menschsein', ‚Heilung' und ‚Wachstum' eigentlich zu verstehen ist. Große Unwissenheit zeigt sich im Geist westlicher Suchender häufig auch, wenn es um die Bedeutung verbindlicher Schülerschaft auf dem inneren Weg geht.

Der Meister transzendiert alle relativen Wahrheiten und gibt die Sicht auf die Eine, die absolute Wahrheit frei. Eine wahrhaft radikale Wegweisung!

Ramana Maharshi
NAN YAR?
Wer bin ich? – Who I am?
Zweisprachige Ausgabe: Deutsch-Englisch

advaitaMedia
Hardcover, 86 Seiten
ISBN: 978-3-936718-00-3

NAN YAR?

Wer bin ich? – Who I am?

Deutsch – Englisch. „Wer bin ich?" ist der Titel einer Reihe von Fragen und Antworten, die sich mit dem Thema Selbsterforschung befassen. Die Fragen wurden Sri Ramana Maharshi von einem Schüler gestellt, der ihn im Jahre 1902 in einer Höhle am Berg Arunachala/Südindien aufsuchte und um spirituelle Führung bat.

Dieses Werk gehört zu den beiden einzigen Prosastücken unter Ramana Maharshis Mitteilungen in eigenen Worten und vertritt die Lehre des direkten Weges zur Befreiung durch Selbsterforschung.

Adyashanti
Das Wesentliche.
Die Wahrheit im Herzen des Lebens entdecken

advaitaMedia
Hardcover, 175 Seiten
ISBN: 978-3-936718-62-1

Das Wesentliche.

Die Wahrheit im Herzen des Lebens entdecken

Adyashanti ist einer der äußerst seltenen jetzt lebenden Menschen auf dieser Erde, die durch (göttliche) Gnade den begrenzten Horizont der Ich-Identifikation transzendiert haben. Für spirituell Suchende ist es ein Glücksfall, wenn sie einen solchen Menschen finden, der sein höchstes Wissen teilt, der als Lehrer auftritt und publiziert. Dieses Glücks wird hier teilhaftig, wer offenen Herzens zu empfangen bereit ist.

Bemerkenswert ist, dass Adyashanti die didaktische Gabe US-amerikanischer Autoren teilt, auch schwierige Inhalte einfach darzustellen, ohne zu simplifizieren. Man muss nicht spirituell oder philosophisch geschult sein, um ihm folgen zu können – das ist das Wunderbare an der Sprache des Herzens. Zudem hilfreich ist, dass der Autor selbst sehr lebendig in Erscheinung tritt, zum Miterleben, zum Mitfühlen einlädt und so wirklich authentisch lehrt.

Dank einer feinfühligen Übertragung aus dem amerikanischen Englisch ist dieses bemerkenswerte Buch „The Most Important Thing – Discovering Truth at the Heart of Life" nun in deutscher Sprache erhältlich.

„Unser inneres Leben ist ebenso erstaunlich, verwirrend und mysteriös wie die unendlichen Weiten des Kosmos."

advaita media

www.advaitamedia.com

Swami Dharma Sumiran
Dialoge im Sein
Unterweisungen eines russischen Advaita-Lehrers

advaitaMedia
Hardcover, 262 Seiten
ISBN: 978-3-936718-43-0

Dialoge im Sein

Unterweisungen eines russischen Advaita-Lehrers

„Ihr könnt mit Methoden alles Mögliche erreichen, aber nicht Gott.“ In acht Dialogen, aufgezeichnet aus verschiedenen Satsangs, führt Sumiran den Leser in ein immer tieferes Verstehen der Funktionsweise seines denkenden Geistes und zeigt seine Natur auf. Einen wesentlichen Raum nimmt die Untersuchung der Meditation, des Zazen ein: Was heißt eigentlich Meditation? Was passiert in der Meditation? Wer meditiert?

Schritt für Schritt zur Wahrheit. *„Es ist ein Paradoxon, denn: wir identifizieren uns zunächst mit dem, was begrenzt ist, und anschließend beginnen wir die Freiheit zu suchen. Wo beginnt Advaita? Beeilt euch nicht zu sehr damit, die Freiheit zu suchen. Versucht zunächst zu verstehen, ob unsere Identifikation mit dem Körper und mit den Ideen Wirklichkeit ist oder ob das etwa nur ein Irrtum unserer Wahrnehmung ist?“*

Wer sich auf einem inneren Weg befindet, wird diese Dialoge mit großem Gewinn für seine spirituelle Praxis lesen.

advaita media

www.advaitamedia.com